D1691557

# poet nr.4
Das Magazin des Poetenladens

Herausgegeben von
Andreas Heidtmann
Poetenladen 2008

Impressum

Der *poet* erscheint halbjährlich als Magazin des Poetenladens. Alle Rechte liegen bei den Autoren bzw. den Verlagen. Auf postalischem Weg erfolgt keine Annahme unverlangter Manuskripte. Beiträge können als Anhang einer Email an die Adresse des Poetenladens (manuskripte@poetenladen.de) geschickt werden. In der Regel werden Einsendungen nicht kommentiert. Anfragen sind via Email möglich (info@poetenladen.de).

Verlag: Poetenladen, Blumenstraße 25, D-04155 Leipzig
Redaktion: Andreas Heidtmann, Fechnerstraße 6, D-04155 Leipzig
Poetenladen im Internet: www.poetenladen.de
Der Verlag im Internet: www.poetenladen-der-verlag.de

Bestellungen des Magazins über den Buchhandel, beim Poetenladen per Email (shop@poetenladen.de) oder über die Internetseiten des Poetenladens.

Umschlaggrafik und -gestaltung: Miriam Zedelius
Druck: Martin Sass, Göttingen

poet nr. 4
Das Magazin des Poetenladens
Andreas Heidtmann (Hg.)
Leipzig: poetenladen 2008
ISBN 978-3-940691-00-2

## Editorial

Vor zweieinhalb Jahrhunderten erklärte Friedrich Gottlieb Klopstock, der Poet heiße seit längerem schon Dichter, und grenzte sich damit vom lateinischen *poeta* ab. Er war noch keinem der Surf- und Beatpoeten begegnet und hatte nichts von Internetseiten wie *poets.org* oder *poetenladen.de* gehört. Nicht zuletzt das Netz und die Allgegenwart des Englischen haben dem Wort zu einer Renaissance verholfen. Und warum nicht: Es ist schön, einfach und überall verständlich. Wer will, darf dahinter auch die Freude vermuten, sprachlich durch Jahrtausende zu surfen, um in der Gegenwart anzukommen.

Der *poet nr. 4* bietet in schon bewährter Weise Texte junger Autoren und etablierter Literaten, diesmal in einem weit gespannten Bogen von den USA über Schottland bis zu den jungen Dichtern in Berlin, München, Wien und der Schweiz. Leipzig ist insofern vertreten als das Deutsche Literaturinstitut neben vergleichbaren Einrichtungen in anderen Städten einen Brennpunkt junger Literatur bildet. Gerade erst gingen zwei DLL-Autorinnen mit Preisen aus dem Open-Mike-Wettbewerb in Berlin hervor und lassen keinen Zweifel an der wachsenden Rolle der Literaturschulen.

Eva Demski kritisiert im Gesprächsteil dieses Heftes die so genannte Wettbewerbsprosa, die nicht sehr wagemutig sei, sondern ein Genre mit Autoren ohne eigene Biografie. An Kafka und Benn erinnernd, sieht sie Schriftsteller mit Brotberuf im Vorteil, da sie sich größere Unabhängigkeit bewahren können. Für Kurt Drawert besteht trotz aller Skepsis gegenüber dem flüchtigen Medium Internet die Chance, dass gute Literaturseiten zum Blick in die Originale verführen. Dem Lyriker Ron Winkler dient das Netz als „Boulevard und Unterhaltungsdusche, Anzapfraum und Elektroenzephalograph. Es ist immer da." Es sei denn, man drückt den Knopf, um ein Buch in die Hand zu nehmen und zu lesen.

GEDICHTE

DAVID LERNER: Was willst du?  *8*
    Übersetzung Ron Winkler
DIETER M. GRÄF: Auch ich vor Gramscis Asche  *20*
LARS REYER: Maggi (die Zaubersprüche versagen)  *24*
BRIGITTE FUCHS: Schöner Anfang  *28*
HANS THILL: Die Wunder vor Krastova Gora  *32*
JÜRGEN BRÔCAN: Ausgangspunkte  *35*
ROBIN FULTON: Reisen  *38*
    Übersetzung Margitt Lehbert
RENÉ HAMANN: nullstufen  *42*
SANDRA TROJAN: Hausszenen I–III  *46*
MANFRED ENZENSPERGER: schnelle brüter  *50*
PETRA GANGLBAUER: Die Überprüfung des Meeres  *52*
HENNING HESKE: Ikonografie  *54*
JULIANE HENRICH: vorzeit  *56*
AXEL SANJOSÉ: Alte Pinakothek  *59*
CHRISTOPH LEISTEN: consensual  *62*
STEFAN HEUER: zwischen dem grün  *68*
THOMAS BÖHME: Verse im hellen Licht  *70*
AUGUSTA LAAR: parale parade pastorale  *73*
DANA GIOIA: Gleichheiten des Lichts  *76*
    Übersetzung Jürgen Brôcan
WALLE SAYER: Wetterkassiber (Prosagedichte)  *80*

GESCHICHTEN

KURT DRAWERT: Ich hielt meinen Schatten für
    einen andern und grüßte   83
KATHARINA BENDIXEN: Der Whiskyflaschenbaum   94
BIANCA DÖRING: ShortClip   99
TINA ILSE GINTROWSKI: Blank   104
ULRIKE ULRICH: Tumbleweed   108
EVA SCHELLER: Echo und Narziß   112


GESPRÄCHE

RON WINKLER im Gespräch mit Andreas Heidtmann   129
    Den aktuellen Akutheiten auf der Spur
KURT DRAWERT im Gespräch mit Christiane Geldmacher   137
    Ich schreibe eigentlich immer als Lyriker
EVA DEMSKI im Gespräch mit Angela Kreuz   146
    Mir war immer sehr wichtig, unabhängig zu sein
JAGODA MARINIĆ im Gespräch mit Katharina Bendixen   156
    Ich möchte das Undarstellbare dargestellt wissen
ILSE KILIC, FRITZ WIDHALM im Gespräch mit Petra Ganglbauer   161
    Verlegen als Lebenshaltung


AUTOREN   169

DAVID LERNER

Was willst du?

*für Phillip Deitch*

was willst du?

willst du 3,2 stück reinrassige hunde und
eine 19-prozentige hypothek
auf 20 äcker vergifteter boden?

was willst du?

willst du fachliteratur für den weg
zu den schicken bezahltoiletten der Greater Bay Area?
ein fernstudium darin, wie man
mit gewöhnlichen haushaltsgeräten
auf vierzehn verschiedene arten einen mord begehen kann?
den Großen Amerikanischen Selbstmorderlass?

was willst du?

einen backstage-pass bei der beerdigung eines promis?
3 shell-konzerne auf den Kaimaninseln, um
deine spekulationsgelder
zu waschen in essbarer unterwäsche?
eine blondine mit elektronisch stabilisierten titten, die
auf kommando stöhnt und
ihren eigenen lipgloss sekretiert?

was treibt dich um?

bist du ein autobahn-unfall-spezi?
sammelst du fingerabdrücke von rockstars?
tauchst du an wochenenden in der kanalisation?

gefällt es dir

deine partnerin an ein golfplatztrolley zu fesseln
und sie am 19ten loch zu ficken?

gefällt es dir

geraspeltes eis über ihren leib zu schütten
und gemeinsam kalt zu werden?

eine aus narben bestehende maske zu leihen und
im neumond tanzen zu gehen – und die verspiegelten
sonnenbrillen all der anderen kotzen dich an?

willst du

für jeden tag der woche einen anderen wagen haben und
doch nie damit fahren, außer zu exekutionen?

willst du

ein sommerhaus aus den knochen und zähnen von
jedem, den du je als kind aus deiner
spielzeugfabrik gefeuert hast?

willst du

einen dreiminutensong schreiben mit 12 ohrwurmansätzen pro
sekunde, der jeden zuhörer 15 minuten lang
einschlafen lässt?

*was willst du?*

willst du

dass die obdachlosen gelbe sterne tragen?

willst du

ihnen erklären, dass
eiweiß nicht so wichtig ist wie
eine saubere einstellung?

von ganzem herzen glauben, dass deine kinder
in den Irak ziehen müssen und an giftgas
ersticken, damit der liter sprit ein paar
cent billiger wird: für den weg in den
supermarkt, um ein paar tampons
zu kaufen und einen glasierten
donut?

was brauchst du?

brauchst du ein 17tes badezimmer mit panoramafenster
auf ein krematorium, das die aschen all derer rausbläst, die
je infiziert wurden vom kontaminierten dollar
und einem händedruck wie von androiden oder dem klebrigen
schwall christlichen mitgefühls?

musst du das: alles vergessen, was du je in der schule gelernt hast,
außer wie verhasst es dir war?

musst du das:
deinen nächsten urlaub in der irrenanstalt verbringen mit
einem 300-pfund-genie, das nie badet, das
dir ins ohr winselt, Jesus habe ihm
seine besten zeilen gestohlen und es selbst könne
aus zahnstochern und rasierklingen einen
interstellaren raumkreuzer bauen und wenn

du ihm nur für 30 sekunden in die augen schauen würdest
könnte es ein gutes wort für dich einlegen
wenn sich am letzten frühlingstag die 4 reiter zeigen, schlamm
an den stiefeln, im angebot freundschaft und cyankali?

oder musst du
trotz einem platten reifen
die straße halten

pausenlos träumend von einer
abschüssigen strecke und

musst du vielleicht eine elektroblondine an marsmenschen verkaufen
und dein geld in verzweifelte gebete investieren – weil es
die einzige sichere sache scheint und
auf kurs mit Gott – oder was dir sonst so in den kopf kommt,
hör auf, an irgend etwas zu glauben außer an das, was
heller flammt als terror,
das, worauf man sich niemals verlassen kann
das ist der einzige weg nach hause zurück

**Wie man Diamanten macht**


manchmal wirst du von zwei seiten so massiv
unter druck gesetzt,
dass du fast verschwindest,
aber so macht man diamanten

du wirst zu kalbspastete geknetet
aus dem fenster geschmissen, in der
mitte Nebraskas
zermahlen zwischen großen zähnen

so macht man diamanten

an einem zerschlissenen seil, das an deine besten
absichten gebunden ist, schleudert man dich durch
die luft, und wenn der strick reißt,
fliegst du durch die gegend und
landest in der mitte von Atlantic City

ohne dass irgend etwas auf deine zwangslage hinweist
außer einigen schürfwunden am hals

so macht man diamanten

einen tag kurz nach dem ende der welt
hat dein anrufbeantworter
eine wichtige nachricht
für dich: *komm bald nach hause*

aber zuhause existiert nicht mehr,
selbst wenn du noch wissen würdest, welches zimmer
deins war

es ist jetzt ein sich selbst reinigender ofen

eine 45er-kaliber-muschel
eine plakatwand, auf der sich die beauties der leere
rekeln
zwischen großen blauen lettern
während du die straße runter schwankst

so macht man diamanten

du irrst auf der falschen seite
der sonne herum, nach einer sauftour,
und während
du die abfahrtszeiten der züge zur Venus studierst

fotografiert dich ein typ in gorillakostüm
der darauf besteht, dass es zu
deinem eigenen wohl sei

und so macht man

regenbögen gehen allmählich kaputt
alle deine feinde kaufen neue klamotten und
bestehen darauf, dass du sie anprobierst
die nacht ist so kalt und weise

so macht man

du rauchst allein in deinem zimmer eine million
jahre lang hasch und
starrst mit 1000 km/h aus dem fenster
es gibt mehr wege, etwas zu zerbrechen
als etwas zu reparieren
darum schuf Gott den selbstmord

und eben so macht man diamanten

und du vergisst nie, deine knarre mitzunehmen,
wenn du ans telefon gehst
und auf
deiner leiter nach unten kletterst

ein raumschiff baust aus zerbrochenem glas
eine gitarre aus untröstlichkeiten
eine waffe aus spinnenweben

einen diamanten aus zigarettenasche
wie gemacht, um schatten zu schneiden.

**Leben in der 3. Welt**

ich lebe in der 3. welt
ich lebe relativ am rand der 3. welt
ich lebe in der 3. welt in
Berkeley, Kalifornien, USA,
1991

ich warte auf den bus im letzten
regen des jahres

ich warte auf den bus im letzten
regen des jahres in meinen
kunstlederschuhen von Insolvent
an meinem mantel scheu einige knöpfe
ich gehe aus, um zu klauen

ich habe eine sozialkrankenkarte,
was heißt, dass ich den arzt zu sehen kriege,
wenn ich mich anständig benehme

ich habe eine sozialkrankenkarte,
was heißt, dass ich den arzt zu sehen kriege,
wenn ich mich anständig benehme

außerdem habe ich eine mietobergrenze
ich verkünde, eine mietobergrenze zu haben
ich habe auch zuvor eine mietobergrenze gehabt
ich könnte in jedem fall eine mietobergrenze haben:
den papieren zufolge, die mich mit
der post erreichen, die ich
dem anwalt zeigen muss, den ich mir nicht leisten kann

gegen monatsende gehe
ich manchmal zu den lutheranern
für glibberige nudeln mit huhn beflockt

für gammliges brot und zerkochte möhren
für karamellpudding mit
der konsistenz von fensterkitt und
sachen drin die ich besser nicht analysiere

ich erinnere mich, dass ich vor jahren so vegetierte und
ganz nebenbei eine drogenkarriere
pflegte

in der 3. welt rauche ich die gewöhnlichsten
zigaretten, sie schmecken wie brennende scheiße, die
ich von einem araber kaufe, der hinter einer
schmuddelig weißen resopaltheke steht,
umgeben von vier schwagern
falls sich mal jemand am bier vergreift

wir alle sehen den schwarzen junkie, der
mit sich selbst redet und
sich mehrmal um die eigene achse dreht
während er versucht, sich zwischen
einem Slim Jim und Rainier Ale zu entscheiden

niemand genießt sich selbst

in der 3. welt
bekommt meine alte lady ihren wohlfahrtsscheck erst
wenn ihr sozialarbeiter aus dem urlaub zurück ist

in der 3. welt
bekommt meine alte lady ihren wohlfahrtsscheck erst
wenn ihr sozialarbeiter aus dem urlaub zurück ist

im büro der wohlfahrt sind in diesen tagen
die sozialarbeiter von den bedürftigen
durch hasendraht abgeschottet

klingt für mich nach einer guten idee

wenn ich die straße entlang gehe, komme
ich an leuten vorbei, die auf dem bürgersteig
sitzen, in sachen fast so alt wie meine,
nur nicht ganz so sauber

sie fragen mich nach dingen

während sie zu mir aufschauen, als wäre ich
jemand wichtiges

das gefühl, für sie wichtig zu sein, gefällt
mir keineswegs

sie leben in der 4. welt

das ist diejenige, der ich versuche auszuweichen

gleichwohl platzt die 3. welt aus allen nähten

die 3. welt platzt aus allen nähten

es gibt weniger platz im wohlfahrtsbüro
weniger platz bei der ausgabe von gratisessen
weniger platz auf dem bürgersteig
im irrenhaus
in den knästen

auf dem friedhof
ist weiterhin ein freies plätzchen für dich bereit,
solltest du arm sein,
man kann es im kleingedruckten überall
lesen

wir unterstützen dich dabei, zu sterben

solltest du arm sein
unterstützen wir dich dabei, das zu verschmerzen

solltest du arm sein und kinder haben
bring sie um, während sie schlafen und verkauf
deine story an einen fernsehsender

solltest du arm sein und kinder mit krankheiten haben
solltest du arm sein und selbst krankheiten haben
solltest du arm sein und zu viel Ramen und reis und später
noch weißbrot gegessen haben

solltest du arm sein und und das loch in deinem herzen
ist größer
als das loch in deinem schuh

empfehlen wir: besorg dir eine waffe

wir empfehlen: besorg dir ein gewehr, ein messer, einen
hammer, einen baseballschläger, eine schaufel und
alles, was du kriegen kannst

und wende sie an bei allen, die
aussehen, als
hätten sie mehr geld als du

nur ein scherz

einige meiner besten freunde
haben mehr geld als ich

aber so ist es nun mal, das weißt du ja

der grat zwischen
dem nachdenken über nahrung
und dem,
jemanden zu verletzen,
um sie zu beschaffen

ist tatsächlich sehr schmal

insbesondere wenn man sieht,
wie die mieten derzeit
in der 3. welt
steigen

*Aus dem amerikanischen Englisch von Ron Winkler*

DIETER M. GRÄF

DER POCKENNARBIGE TÖTET W.

„Der Tod schafft sogleich eine Synthese des abgelaufenen Lebens,
und das Licht, das er auf dieses Leben zurückwirft,
beleuchtet die wesentlichen Momente und macht
aus diesen mythische oder moralische Akte außerhalb der Zeit."

P. P. P.

vollendet ihn, denn
Schönheit sei räudig.

Ihre Linie teile
sich, werde Strick,

schmuck um den Hals
von jedem: Vene

zianisches Messer,
blitzt auf, wie Denk

münzen, die zurück
bleiben am Ort

der Verbrechen. Sonne

auf Signor Giovanni,
auf *große Sprünge*
*über viel leere Pläze*,

sie falle

auf seines Mörders
Kadaver, geflochten

vorm Stadttor ans Rad.

(Für Kerstin Wagenschwanz)

AUCH ICH VOR GRAMSCIS ASCHE

auch ich vor Gramscis Asche
- in einem Hemd von Emilio Pucci
- mit meinem gegessenen Raben,

der spricht aus dem Bauch
: wer ist denn der, der daneben liegt,
 nicht gar so am Rand?

- *He hath made anything*
 *beautiful in its time.*

Den kennt aber keiner mehr, Rabe.

Der liegt aber daneben, Scrittore.


(Für Robert Mungo Forrest, 1888–1948)

REIFEN, FROSCH, CHIATURM

seine Attribute seien: Reifen,
Frosch, Chiaturm. Latte

mit den rostigen Nägeln,
der nach ihm
aus der Schulter gefilmte

ewige Bolzplatz,
seine Hirnmasse,
das weiße Laken

wie es die Mutter glattstreicht,
sein keuscher Schlummer,
der malträtierte Körper davor.

Herumliegende rote Fahne
des in sie eingewickelten Raben,

man möge sie hissen
und sehen: ihn, einen Vogel,
einen Hammer, Stern, uns

endlich wieder, und das Weiß
sein von allem und allen.

LEERE FLÖTEN

      bist
*rondine,*
          schwer,

   waren Stimme-
auf-Stimme, fütterten uns
vögelnd,
      *brilla*


– einer Rettungsschwimmerin
   Unterströmung

– ihr davonfliegen
   der Nasenflügel

– Trümmer, die herunterglitzern


in leere
Flöten will nicht
wissen wie sie klingen
wenn sie zerspringen du

     bist ein Manga
    charakter im
werdenden Manga
    charakter im werd
        enden Pompejianischrot --

LARS REYER

## Maggi (die Zaubersprüche versagen)

> We returned to our places, these Kingdoms,
> But no longer at ease here, in the old dispensation,
> With an alien people clutching their gods.
>     T.S. Eliot – Journey of the Magi

Täuschend echt die Gardinen an den Fenstern
& dahinter breitet die Leere
die Arme aus, nachts
    ist hier kein Unterschied: *die Wege tief*
du denkst du bist im Wald
(nur dass es schallt bei jedem Schritt auf dem Beton)
Waschbären, Füchse, alles Fluggetier
sind jetzt die Herrscher der Fertigbauteile,

am Tage kommen die Raupen
die Bagger & Abrissbirnen & eine Frau
die älter aussieht als sie ist
die sucht nach Flaschen, Pfand
& faltet dann den leeren Beutel ordentlich zusammen.

Täuschend echt die Hauseingänge, es kleben
noch verwaschen Namen an den Kästen,
doch kommen keine Briefe mehr,
    *was ich geschrieben habe, habe
ich geschrieben*, der Dunst treibt noch
die alten Worte vor sich her, längst
ausgesprochen & nicht mehr zurückzunehmen.

Keiner stieg von hier aus
    *in ein mildes Tal*, du liest
die Warn-, die Hinweisschilder, hier
war schon immer alles Ebene, geschmückt

mit Fetzen sind die kahlen Gärten (Prospekte
klirren an den Wäschestangen), es klingen
keine Rufe mehr zum Abendbrot, keine Lockung
von Verliebten
      unter dem Laternensturz, du liest
den Anschlag für die nächste Rückbaustufe.



## Was Sie sagen

Du hockst vorm Bandgerät & hältst den Finger
an den Knopf im Ohr; Stimmen, Abrieb
      „Sie haben *(Störgeräusche)* zu schweigen"
von Erzählungen, die konserviert, doch auf-
geknittert sind; du weißt nicht, wer hier spricht,
es sind die Daten ausgeätzt an der Kassette. Die

Spulen laufen immer weiter, aus einem Raum,
der abgedunkelt ist, schält sich die Spur, der abgenutzte Datenklang, Flüstern & Fluch, kann sein,
dass hier (die Höhen runtersteuern!) das stärkere
Arom von Schweiß, von kaltem Kaffeedampf
erzeugbar ist (der Schreib-, der Lesekopf macht

seine Arbeit). Die Klüfte werden weiter. Es stockt
*(Rauschen, magnetisch)* der Tonfluss, stocken
die Außengeräusche, du hörst nur das stete
elektrische Summen, die unermüdlichen Geräte
wirken; *(Das ist nur gute gute Medizin!)*.
      „Alles (      ) kann gegen Sie verwendet werden"

**Der fotografierte Hund**

Durch die Ägäis bin ich schon gegangen
mit hochgekrempelten Hosenbeinen, das Wasser
an den tiefsten Stellen kräuselte sich bis zur Leiste
& vor dem Seegras (dunkel schwebende
Tentakel) bin ich ausgewichen. Die Muscheln
knirschten lautlos unter meinem Schritt,
von Land zu Land kaum dreihundert Meter,
doch auf dem halben Weg da spürte ich
noch etwas anderes im Rücken, als nur die Silhouette
dieses Dorfs, in Übersetzung: *kleines Silbernes*
die Fischerhäuschen, in der Sonne stechend, ich weiß:
dort auf dem nassen Grund liegt eine Griechenstadt,
vor Zeiten mit knapp siebzigtausend Mann versunken,
man kann bei ruhigem Wellengang die Reliefs erkennen,
die Mosaike auf dem Markt, wo eine Gottheit stand,
Blick & Atem spürte ich & sah: mir war der Hund gefolgt,
dem ich am Dorfeingang die feuchte Schnauze tätschelte.
Am andern Ufer Plastikflaschen, bedrucktes Cellophan,
andere Touristen hatten vor mir auf den Steinen Platz
genommen, die hier zu Bänken aufgeschichtet waren, ich sah
den Hund, er paddelte & hielt dann inne, versteinert
in der Mittagshitze, um ihn die See & keine Gischt,
keine Reaktion auf meine Rufe, *git git*, doch auch
das Türkische verstand er nicht, die Kamera vorm Auge
ich zoomte ihn heran, doch auf dem Display,
auf der Nahaufnahme blieb nur der ferne Schatten-
riss. Ich saß noch eine viertel, halbe Stunde, ich schaute
nicht mehr auf die Uhr, mit nassen Hosenbeinen,
durch die Ägäis bin ich schon gegangen, setzte mich
auf seine Spur.

## Filmriss

Die Schreie der Zerschossenen (dolby digital), land-
lose Bilderfolgen, im Hirn die leinwandlose
Kolorierung, du weißt, da saß einer
in seiner stillen Kammer (sitzt) &
macht die Pferde nach
                mit Kokosnüssen, die schmatzenden
Schritte im Schlamm, wo die Generäle hausen
surrt der Dieselgenerator, manchmal
ist nicht zu klären, wo das Licht herkommt
                (der macht das alles nach!)
Suchscheinwerfer, Kerzendocht, man prüft
den 12-Volt-Block mit feuchter Zunge,
Schwenks & Schnitte, bei diesem Einschlag
hat sogar die Kamera gezittert, auf
Anhieb, *little do I know about the screaming
projectiles*, der macht nur die Effekte,
aber richtig, Glanz, die Augen müssen glänzen
von Azetylen, vom genauen bildgeflexten
Celluloid, pro Sekunde geht das ab
in seinen austarierten Bahnen, Spulen,
die Münder der Zerschossenen (jetzt kippt
die Tonspur leicht ins Off) stumm wird
der Text noch fortgesetzt, am Leinwand-
rand flammt etwas auf, Klebenaht, Kopierschaden
                (der macht das alles falsch ...)
dann ist die Sicht zerrissen, zugeschüttet
mit Licht, der Vorführapparat springt weiter
auf einen nie erwähnten Satz: Senfgas
ist die älteste Stille der Welt.

Brigitte Fuchs

## Schöner Anfang

Es geht fast spielerisch zu, auch wenn
sich der Faden (rot, gewiss doch) durch

alles zieht. Wir üben die Abnutzung der
längst nicht mehr festgeformten Dinge:

Krug und Brunnen, Blatt und Stirn. Alles
verschiebt sich zum Begreifen hin. Baut

sich zur Vorstellung auf. Dort wartet einer
Stück für Stück mit der Ewigkeit, und hier

(ja hier) lege ich den Kopf auf deine sich
hebende, auf deine sich senkende Brust.

## Parkett

Wieder vor Augen die gebohnerten
Orte der Kindheit ein Bildergewitter

der Junge im Anzug die Welt aus der
Tüte ein zu Tage gefördertes Begehren

(Bitte auf Verlangen vorweisen und
bis zum Schluss der Veranstaltung

aufbewahren) ein Herzpochen eine
Beunruhigung mehr noch als das

Klappen der Stühle die Eintrittskarte
für den ungedeckten Stehplatz im Hof

Gastspiel

Dieses ungenannte Land ist beschaffen
wie jedes andere. Beschriftet mit dem

Abstand zur Sonne. Die Parkwächterinnen
bewachen die Parks oder üben Verliebtsein.

Im Freilicht der Tage sind Hitze und Kälte
abwechselnd zu Gast mit ihrem Ensemble.

Nach der Arbeit feiern die Parkwächterinnen
Geburtstag. Die Kerzen flackern. Von Zeit

zu Zeit fallen Insekten, die frei sind in der
Wahl der Ziele, auf den Glanz ihrer Rücken.


**Der Garten. Die Schere.**

Nichts hör ich von dir. Die Träume sind
Stummfilme, gehüllt in Zigarettenrauch.
Wald baut sich auf. Wirft Vorplatz und
Strasse hinter sich. Abends stehst du im
Garten, die Schere in der Hand. Ja
sag ich und nein. Dann wischst du mit
dem hochgekrempelten Hemdärmel den
Himmel vom Dach, das überzählige Grün.
Das wars? Der Garten. Die Schere.
Was sagtest du noch? Nichts hör ich
von dir, je eindringlicher ich an dich denke.

**An der Aussenwand lehnen**

An der Aussenwand lehnen mit
Zebrastreifen auf der Haut

Jemand verreist jemand reicht
eine Stimme weiter

Während die Motorsäge von der
Tonleiter steigt
kracht der Goldregen zu Boden

Dieser Tag ist ohne Zweifel unfähig
auf Zehenspitzen zu gehen

Jemand richtet sich auf – jetzt
darf ich schon nichts mehr sagen


(Aus: Brigitte Fuchs: *Handbuch des Fliegens.* Zürich: edition 8, 2008)

HANS THILL

**Die Wunder vor Krastova Gora**

Als die Töchter von den Bäumen kamen
lagen die Steine des Weges beisammen
Hrisoliten und Hrisoprasten gruben nach
Hölzern die in der Luft jammerten wie Kreuze
auf hoher See und die Radios sangen leise
ihre Strahlen auf die Zelte der Wartenden
in der Nacht zum vierzehnten entleerten sich
die Batterien zu einem Kuß der Erde und das Wasser
blieb stumm als die Mütter von den
Bäumen kamen

*für Mirela Ivanova*

**Türme und Weine**

und dein Türchen halte auf
für alle Tränen. Geh in den
Garten rupf dir Paradieschen.
Pule das Ei solange Klio im
Tumult den Kampfplatz netzt
solange das Wörtchen
Klein sich bohrt in den
Weltnebel solange der Tee
noch kalt und alter Schnaps
noch durch die Messe
raucht. Gräten von Gestern
das Kind von Pulle immer
trifft es den Richtigen
als Exit Kaiser Liftboy im
Livree der Wagenheber die
wissen daß ein Sack mal
umfällt als Chinese mit Speis
und fremdem Mantel man
sieht es am Schlitz. Dann
endlich nimm Legenden an
der Schale erzähl mit Schnäbeln
Strippe und Getöse ächzend
wie ein Himmel an dem
die Karre Nummer 65 knarrt
mit Imbus Rätsche Nuß
damit der Hörer platt
die Hörerin sich
drücken will

*für Ernest Wichner*

**pelzige Singstimme**

melke die Bienen (Arp) und
bei den Sittichen nimm Platz

den Partisanen entflohenen
Grünflügeln die sich picken
im halbnackten Baum am
Kanal

über uns und morsen
an ihre Verbündeten die Abwasser
Krokodile und Laufratten
tellurischen

flugelsowas skri
skri über uns mit Mundschutz (wir)
sittsam die Alten auf Bänken wenn
es uns beißt

die Bienenmilch. Wenn der Wind
wischt die Schwärme aus
den pfälzer Wäldern

vom Ural her
langgestreckt
Felle Federn

JÜRGEN BRÔCAN

AN EINEN ARCHÄOLOGEN

Wenn die Dinge verschwunden
und die Arbeiten erledigt sind,

erstrahlt noch etliche Erinnerungen lang
ihr Wörterhalo, *Gezähe, Sech und Kolter,*

bleiben die fossilen Verben aus der Einstwelt,
*schneiteln* und *blaupließten* und *abgautschen,*

wie Preziosen in einer Schatulle aufbewahrt,
*Bieflinge ziehn, Ogen schleppen, Äcker weischen,*

die Wörter mit Griff, die Werkzeugsprache,
und wenn dein Fundstück ein *Riedel* ist,

'Geflecht' oder 'Anhöhe', spürst du
unter den Händen die Steine; das Tau.

*für Ranjit Hoskoté*

HALTESTELLE

Noch dunkel.
Keine Einbrecher oder Randalierer —
aber das Geräusch? Markiert ein Kater sein Revier
oder schreit ein Igel vor stacheliger Lust...?
Nein, es ist mein Magen, der knurrt.

Das Fenster auf Kipp. Es reicht,
hinaus über Schindeln und Glocken gesogen zu werden.
Laternenlicht, das nicht entweicht ins All, Morgen-
anbruchswolken, ihr ausgebreitetes
gelbes Handtuch. Weißes Rauschen in Wellen,
auf denen da und da ein Motor surft —

Scheinwerfercluster, Spiralgalaxien
von Lampen, die Nächte fragmentiert und der Himmel
matter, der andernorts leuchtet, trotz dunkler
Materie... Die Sphären der Griechen
glichen Baumringen oder Zwiebelschalen. Nichts,
was nicht aufgehoben war in ihrer Bewegung.

Weitgehend ruhig, nur hat heute nacht
der *moltwërf*, der 'Erdwerfer',
unseren Rasen mit Hügeln tätowiert —

Ein Sperling besteigt den Tag wie einen Bus.
(Er schafft's hier in Dystopia.)

MENSCHENOPFER
*(Hauptfriedhof Bochum)*

Windstill. Als hingen Flügel aus erz-
schwerem Licht über dem Platz.
Männer hocken und hämmern Steine,
das Geräusch schabender Knochen.
Reihe für Reihe werden die Steine
in ihr Sandbett gelegt, zu Halbkreisen,
die wiederkehren bei den Gräbern
der Bombennächte anno 1944.
Die Toten sehen zu den Torflügeln
(mentaler, monumentaler Frieden),
als müßten sie die Wächter mit Helm,
Schild und Schwert noch anbeten.
Weiden, auf Höhe des Portals gelangt,
besänftigen die Orthogone: Wal-
halla oder Hölle: steinerne Antignade,
Verneinung erbarmender Trinität.
Durch Mechanik fuhren die Särge
aus der Tiefe zu den Sternbildern auf,
durch die Hand des Maschinisten
zerstob ihr Rauch entnamt in die Lüfte.
Nie waren die Trauernden unbegleitet
und nie mit ihrem Verlust allein,
in der Kammer am Tor saß immer
Einer, der Gehörgang des Staats,
reckte sein Ohr, überhörte kein Bitten,
fällte das Urteil auf dem Holzstuhl,
erklomm die Sprossenleiter, stieg dann
in den leeren Raum oben, verroht —

Robin Fulton

Reisen

Inseln kriechen über die nassen Fenster.
Sie schwellen, wogen im Zeitlupentempo,
schrumpfen nach achtern, ziehen drohend vorbei
während Himmel und Wasser zu Nacht dunkeln.

Wir gehen, unsere Größe beibehaltend, an Land
während Bootslichter schrumpfen und verschwinden
und die Insel um uns herum immer weiter wird.
Wir atmen naßkalte Erde und Kartoffelkraut.

Wir schließen die Rollos. Das Zimmer ist jetzt sicher.
Es ist größer als die Insel. Und der Wind
so laut und nahe in verwitterten Ebereschen
hält noch immer einen gewissen stillen Abstand

während wir unter der Lampe abgenutzte Karten ausbreiten
und einander daran erinnern, wo wir schon waren.
Und endlich, hinter geschlossenen Lidern
hält uns nichts zurück, treiben wir hinaus.

Am nächsten Morgen blicke ich aus einem Flugzeug herab
auf glitzerndes blaues Wasser, pünktliche Boote
auf winzigen endlosen Reisen hin und zurück
zwischen heiteren, unbeweglichen Inseln.

## Heimatgedanken

Wenn ich nun zurückkehrte nach
„einer Abwesenheit"? Doch während ich abwesend war,
habe ich zuviel Gegenwart gewonnen. Dort wohne ich.

Ich füge Jahre hinzu, wechsele Häuser, behalte
mich im Auge. Ich schicke Briefe an die Vergangenheit
und Antworten kommen, immer auf dem neuesten Stand.

Die Generationen holen uns immer wieder ein.
Die hohen, historischen Gebäude beugen sich bestimmt
immer noch vor wie Läufer, die auf den Startschuß warten.

Es dämmert — bis auf ein Nadelloch in den Wolken:
ein Sonnenstrahl leuchtet grell auf ein leeres Feld.
Etwas mir nicht Sichtbares wird ins Verhör genommen.


## Unser Alphabet

Wie der Wind der Schwerkraft trotzt, auf-
wärts fließt und schnelles Dunkel
durch Maisstiele freisetzt, Glanz durch Haselnußblätter:

Ich habe darüber geschrieben, aber es weigert sich,
öffentlich zu werden.
Die Neugestorbenen, die es liebten, sehen plötzlich nicht mehr.

Das unzerbrechliche Fenster, das wir mit den Toten teilen,
ist zu klar für Worte.
Unser Alphabet ist offen, es fließt im Wind.

**Lagerkvist an dem Tag lesend, an dem er starb**

      1

Ein ganzes Leben ist es her, da ging er
allein vom Zirkuszelt fort. Unter den Sternen
wog er seinen Zweifel und befand ihn für zu leicht.
„Was weiß ich, das mir das Recht gibt zu zweifeln?
Was glaube ich, das mir das Recht gibt abzustreiten?"

      2

Ich folge kilometerweit den Waldstraßen,
die zu einer Nacht dunkeln, die nie dunkelt.
In den weißen Nächten gibt es immer eine schwarze Stunde.
Etwas in meinem Geist wird blaß wie eine Birke
zwischen Kiefern, zerzaust von einer plötzlichen Brise.

      3

Der Kopf vollgepackt mit Katastrophen. In den
Wald hinein. Übernatürliche Schritte.
Ich bleibe in einer breiten Lichtung stehen, die Bäume
zurückgereiht wie eine atemlose Volksmenge, die abwartet,
was für einen Kampf ich gegen die Stille führe.

      4

Den ganzen hellen Tag bewegten sich die Schatten
umher: einfache Ursache, unklare Wirkung.
Beinah dunkel hier, und ich fühle mich beinah
anonym – bis auf diese Espe,
ein einziges weißes Blatt, ein hektisches Pendel.

Nacht alleine

Freunde, ihr geht fort unter Bäumen,
die ihr seit der Kindheit kennt. Auf dunkler Erde
geht ihr wie sanfte Besucher, die bald verschwinden.
Wir rufen ernst gute Nacht, als ob
der Morgen ein anderer Kontinent sein wird,
wo keiner von uns das Wort für „Morgen" kennt.

Ein Ich von mir, das, welches spricht und winkt,
dreht einen Schalter, läßt die Dunkelheit hinein
und schläft entspannt ein im Schweigen des Waldes.
Der Wald schweigt nie. Mein anderes Ich,
das störrische, das nie spricht und es auch nicht kann,
liegt wie immer wach da und lauscht und lauscht

auf Laute hinter Lauten, während die Nacht sich
nach außen öffnet und nach unten. Wie tief und weit
liegt das Schweigen? Nichts dort, dem man entgegen-
treten muß. Er tastet im Dunkeln, macht Musik an,
Musik, die wie Licht über seinen Körper fällt,
dieser Kontinent, der für nichts Worte hat.


*Deutsch von Margitt Lehbert*
(Robin Fulton: *Grenzflug. Ausgewählte Gedichte.* Edition Rugerup 2008)

René Hamann

louisendorf

die alten zungen welken dahin.
ein letzter bettentransport, bis die
nächste leiche verscharrt werden muss.
transzendente felder, unentbehrliche
pappeln. von xanten bis louisendorf
die dunklen dörfer, das blonde fleisch.
niederrhein, pfälzische enklave.
von sehnsüchten und applikationen gejagt.
eine kirche inmitten der wiese, drum herum
die bauernhäuser. man kaut auf kartoffeln
man sieht fern. man fürchtet die rache der vampire.
die hände an die bettpfosten geschraubt
und zum dachstuhl sind es nur drei
undzwanzig stufen. landkranke. eng
anliegende wände. zombiehunde.
ich habe von einer tochter geträumt.

**nullstufen**

morgens koksmüll. verstaubte welt.
das meer des meers, das chaos
auf dem tisch papierenes, offenes
feuer. kein tee wird serviert, das herz
führt eine harte tür, kein kaffee.

das horoskop eine gewinnwarnung
abgestandene formeln, weit offene
hintertüren, von liebe keine rede.
das meer als postkarte im raum.
stimmungsgrundierung. der erste

satz ist gefallen, leise, die kinder
portionen unter den tütenlampen
sind längst eingenommen. im früh
stücksradio ein alter neil young
auf neuer goldsuche, mit schnitt

wunden an den beinen. fire and
forget. nackte soldaten am hang
in perfekten stiefeln. nullstufen.
unter dem unterstand jeder mensch
ein bett, mancher nur ein halbes.

die beste zukunft aller zeiten

I

durch totsichere isolate und abgebundene szenen
zieht die autobahn an den vorstädten vorbei
blechlawinen, böse brücken, glühende häute
lichtempfindlichkeiten auf raststätten, pausen
höfen, mutterschiffen, die kontaktdefizite
die nicht mehr auszugleichen sind, parkhäuser
und telefonzentralen, die krummen satelliten
städte, weltraumopern, wäschestangen, partykeller
die besorgten anrufe nach dem hellen lichtblitz


II

der astronaut wischt die blutspuren auf
machtferne als leistung, armut als luxustherapie
SIEG DER STERNE, die zeitungen warten
auf die sammlung, das telefon im wohnzimmer
klingelt selten und wenn, ist es lästig, wie mittags
der gang vor die haustür, die briefkastenkontrolle
das klingelschild mit den fingerabdrücken, die
briefträgerhosen, bissspuren, schürfwunden, allein
der hund hat sich verlaufen, ganz wirr und wild

III

wie die modekranken, gewuppten kinder
die als sohnemann das kirchenblatt bringen
oder den rasen mähen, meist faulenzen sie
auf der sonnenschaukel und schäkern
mit den nachbarstöchtern, DEEP THROAT
oder feste bindung, der gerüttelte verkehr
auf den kunststoffböden, die nachgestellten
fotos: in der berufsschule der über den kopf
der lehrerin gezogene tisch, übermalt


IV

die münder in den schrebergärten, die nach
gezeichneten gefühlskonstanten: visionen
einer verblassten autobahn, die verrutschten
verrauschten platten, der harte schlussakkord
die falschen mittel, aber die echten strümpfe
und statt einer antwort das klacken eines zippos.
wer geht mit wem, wozu kinder, wozu die welt
die paare im raumanzug, der sich über die haut
flecken schiebt, die zukunft in weißen rahmen

Sandra Trojan

Hausszenen

I

Die Bäume biegen sich, knarren unter der Last
reifer Birnen, immer wieder fällt eine mit

einem Grunzen. Sie geht zwischen Schalen aus
Haut und ledernem Fleisch. Der Garten trägt

eine Aura der Süße. Um das Verrottete kommt
sie nicht herum: Mit dem großem Zeh drückt sie

das weiche Herz einer Birne, Fleisch tritt aus den
Seiten der Wunde, Haut zu müde zum Halten.

Sie schüttelt einen Ast und drei fallen herab: Eine
trifft ihren Arm, lässt einen blauen Fleck, gesprenkelt

dort wo Blut durch bricht. Die Zweite fällt
schwer und sinkt ein in den Boden, ein Samen.

Die Dritte rollt zur Tür, wo er wartet,
hält vor seinen Füßen. Ein Angebot.

II

Der Tisch trauert wie ein krankes Tier
auf seiner fleckigen Matte. Er sitzt.
Sie schüttelt den Kopf und reißt ein Fenster auf.

Nachbarskinder rennen über Wiesen,
treten Tau, treten Löwenzahnsamen
in jedermanns Garten; Löwenzahn ist

ein Krieg, den wir nicht gewinnen können,
einer, der uns beschäftigt, der uns
abhält, einander die Schädel zu brechen.


III

Sie lehnen ins Dunkel, berühren einander
wie Frischverliebte, lauschen Motorenlärm
der Hauptstraße. Noch immer diese Hitze.
Ihr Make-up schmilzt, die Gläser schwitzen
den letzten Schluck. Dein Gesicht schmeckt
nach Wachs. Sie geht, zum Waschen,
kommt wieder, in der Nachbarschaft
wirft einer den Mäher an. Seine dicke Lippe
zieht dir Kontur ihres Kiefers nach. So spät noch
im Garten, da sieht man doch gar nicht, da
hackt man sich noch die Zehen ab.

*A mother can give her child milk to suck,*
*but our precious mother, Jesus, can feed us with*
*himself.*
                              Julian of Norwich

**juliana:**

am tag dreizehn berührungen
der frau fünf dem mann
(hab ich gelesen)
schütteltest du hände und kopf
beim auf und ab vergaßt den hieb
im magen und seinen tiefen hunger
wars doch großartig wie es begann
sich wie er anzufühlen sein gewicht
ein laib brot in deiner brust mit
heißem butterkern so warm dass
du's beim ganzen nahmst und
hastig aßest kein innehalten schmecken


**Wenn ich in Bienen spreche**

meine ich Unschärfe, Murmeln,
Nektar am Mund; Und wenn ich in
Birnen spreche, in Äpfeln, in Zellen
in Kisten von Zungen zerfressen,
in Zungen, in Menschen, meine ich
Menschen:Schwärme gestempelt
innen & außen, ein Bienentanz
und damit meine ich: Bienentanz.

**genesis**

zusammen gefalteter mann zwischen den rippen seiner frau
sie trägt geschenke – kinder und äpfel betet dass jeder
einzelne seinen hals verstopft
er zählt die äpfel in monaten bis hin zu ihrer fehlgeburt

in diesen tagen sind meine augen gen null gerichtet als wär ich
mit dem sonntagsschimmel zu spät ins neue zeitalter geboren
gegenwart ist lediglich präludium zum tod denkt an
den mann wie er den bruder erstickt geschenke verschmäht
sich von den elementen trennt wie ein sich ums gehirn windender schädel

unter meinem schild aus staub bin ich mit eva so schwanger geworden
dass adam längst gestorben ist

Manfred Enzensperger

**schnelle brüter**

*nach der wende*

der lange weg der rechtschreibweg
die straße ja nein nur

mit ihren spitzkehren und zitternden ellipsen
straßen die auf regen schießen

straßen wie muchensiefen wie bielefeld
wie der baß einer kuh im nebel

an jeder bank gefälschtes land
die wiederhergestellten rechtschreibmienen


*bekenntnisse eines rechtschreibreformers*

ich habe schlafende wörter geweckt
hätte ich sie ruhen lassen
die sanften leisen die jedermann zugetan

selbstlaute fragen
sind wörter das kleid der erde
schonen pronomen

trompeten vokale mit zugehaltener nase
beginnen die wörter zu duften
oder weidet sie irgendein hirte am abgrund

sie liegen stumm im maßlosen gras

*der konservator atmet nach*

der rechtschreibreformer, alleinerziehend
schneller brüter equilibrist über dem sumpf
in einer stillen stunde zu sich selbst
der wiederhergestellte anwenderfrieden sei nicht nur
ein wendefrieden nein er sei ein echter
rechtschreibfrieden der elefant ein zen budddhist
der blaue brief leicht zu haben
und du fragst dich blühen dem kopf die wörter
sind buchstaben fehler und wörter straßen
und was ist der mensch
sind menschen bäume voller wörter in den gärten
oder wörter blumen in den fenstern auf den park
und gibt es heime für die straßen wenn sie alt sind
oder richter für die blumen wenn sie schuld sind
oder duden für die wörter wenn sie krank sind
gibt es wörter

PETRA GANGLBAUER

Aus dem Zyklus: DIE ÜBERPRÜFUNG DES MEERES

Strenge Sprache *(oder die Abschaffung der Nacht)*
Entwickelt sich aus sich selbst
/Die weisse Revolte/
Das ist nichts/
Jede Buchstäblichkeit aus der Form/
Gerissen/ oder aus Weiss
– Die auseinandergeratene Zeit –
Der schlafende Fisch, wie flüchtig, wie Fetzen
Aus Gespräch: *Mond auf leerer Bahn.*


Echsengrün: Phantasma der Überschreitung.
Jeder Gegenstand hat seine Zeit im Gedicht
*(Zeitschuld und flüchtiger Gegenstand).*
Die Gefahr des Sehens liegt in der punktuellen
Angleichung: Leuchtinsekt am finsteren Meeresgrund.
Oder das Licht toter Sterne.


Kommt mit dem Rest auf mich zu, dieser schneeweisse
Meeresrücken *(endlich alles verloren).*
Das Wasser flitzend wie auf Wache im wortverletzten Wind.
Das Auge geht in die nächste Welle hinein, ins erste
Licht.

Die atemlose Wiederkehr von verlorenen Bildern.
Zwischen Vielgesagtem *(Schotter, Aufwurf)*
Will ich die Sätze nicht mehr verstehen.
Ich trage meine Jahre ab und erwähne mich im neuen Wort.
*Diese Musik kann Text          kann Figuren.*


Dieser Verzicht auf Augen/ Rede,
Als hätten die Anlässe Löcher im Sinn.
Als wünschte die Seele *zerschossenes Papier*
*Im Weiß.* Ohnegleichen.

HENNING HESKE

IKONOGRAFIE VIII

Asphaltvogel. Druidisches Messgerät.
Erdhorcher – Substanzumwandlung.
Goldstaub im Palazzo Regale.

Nichts Retinales. Wechselbeziehungen
von Organischem und Anorganischem.
Das Zusammenbringen von Elementen.

Gegen die Diktatur des rechten Winkels:
die Ecke bekommt ihr Fett weg,
Chaotisches von plastischer Kraft.

Geburtsstein mit Bruchkanten
und Glättungen, ein Ovaloid,

ein Feuerstein der Transformation.

Das Gedicht bezieht sich auf verschiedene Motive
des Künstlers Joseph Beuys (1921-1986).

IKONOGRAFIE IX

Höhlenwandmalerei vom Grellsten:
der Traum vom Fliegen – Abstürze
mit Salzsäure in den Adern.
Aufgezeichnet mit einer obskuren
Infrarotkamera. Ein Kältetod
im Kunstlicht. Menschenmengen,
fallende Figuren ...

Zwischen baumigen Konturlinien
anthropomorphe Vögel, eine Eule
wird weggetragen.
Eine vitale Feier der Farben
mit glühenden Gespenstergesichtern:
Blutspritzer, ein Teppich nach Berlin.
Einsamer Elefant und keine Mädchen.


Das Gedicht bezieht sich auf verschiedene Motive
des Malers Daniel Richter (geboren 1962).

JULIANE HENRICH

**vorzeit**

tinte bleibt zurück
und immer die gleichen blätter
nicht auf den zweigen

die straßen leer und leise
stadt im schnee

erinner den sommer im rücken

und hatten wir fell an den zehen?
tatsächlich?

jetzt zimmerpflanzen gezüchtet
immer zu blühen
und/oder früchte zu tragen

nichts das mich hindert
vor- und zurückzugehen

und alles abzuzählen
jahre, tage, waschmittelrationen

immer den gleichen spruch aufsagen
vor der flucht

(ich habe nicht gewusst, was
in einem zimmer bleibt und was nicht)

und hatten wir fell an den zehen?

den blick sanft und stumm
wie tiere

und sahen vom balkon
den himmel
als lebten wir am meer

als wäre nichts mehr zu beschreiben
nichts von wichtigkeit

nur wind und grün und blau

und lebten das, was nebenbei geschieht –

blättermuster oder sonne in den augenwinkeln

die füße wie verwachsen
mit dem gras


tinte bleibt zurück
und immer die gleichen blätter
nicht auf den zweigen

*wonach wir suchen*
wenn der zug anfährt

und eine landschaft quert
ohne gesicht

*and man, having known himself for the master of things*

debattierte über kommasetzung
und legte sich dann schlafen.

abende verkrampft im neonlicht

bis sich der blick verhakte, oder nicht

du hängtest deine augen an der decke auf
ich meine an der wand

und atemlos

gesprächen über urlaub lauschen

und was hinter den gesichtern ist
(was ist dahinter?)

*etwas verlieren ist nicht mehr als merken,*
*dass es niemals dir gehörte*

und die letzten worte,
weißt du noch?
die haben wir vergessen

AXEL SANJOSÉ

## Alte Pinakothek

An anderen Tagen kann man
durch die Fenster der Galerie
die Alpen sehen.
Zu müde bald für die langen Fluchten,
die vielen Schlachten,
Eisläufer, Bauern, Rentner,
die ganze Spezies,
alles nachgedunkelt,
kehrt.

Draußen überfrierender Regen,
selbst der Notarzt stürzt schwer.
Die alten Niederländer,
sie vergessen uns nicht.

**Fundstelle**

Sieh dies Gefild.
Es fristen hier die Dinge
ihre Not, es ziehen hastiger
die Wolken, wie gescheucht,
und Kinder hüpfen
über freigelegte Steine.

Reste vielleicht vom berühmten
Fries mit den falschen Mäandern,
schwer beschädigt alles,
die Triptychenkammer wurde gesperrt.
Hier und da ein frühes Behältnis
mit Hülsenfrüchten und Gold,
ungesichert. Hast du bemerkt,
wie kupfern die Knöpfe des Wachpersonals?
Nicht nur das, sagst du.

## Reliquie

Dein Antlitz, ein Abdruck
jenseits der Schrift,
den Sieg auf den Zähnen,
o Kaiserin, was für ein Bild.

Das Tuch, das Haupthaar,
weg, alles weg,
die Seele ein Firnis,
nachdunkelnd,
so unecht und nackt,
die Haut eine dünne Metapher
in der Finsternis o Finsternis.

Die Verben, Fossilien,
Insignien unsrer Diadochenwelt,
Veronika, der Lack ist ab,
Vero- o Berenice.

CHRISTOPH LEISTEN

consensual

        *für Britta Maletz*

I

**augenblicke** schmerzen in erinnerung eines jeden
tages, abläufe, unter denen die gewohnten bilder

immer wieder fremd erscheinen vor lauter vertrautheit
zwischen papier und pupille, nähe und ferne,

verlust und gewinn. im takt des lidschlags
bricht vergangenheit auf, wie eine vergessene

gegenwart, der du in partizipien begegnest.
anhaltend der blick, zurück auf eine fensterflucht

vielleicht, in der du dich damals vergaßt. wer weiß,
es geht weiter, wohin es auch geht, und du siehst

schon andere tage vor dir, wo türen und fenster
geöffnet, dass jemand komme, in deine augen blicke.

**II**

tasten, worauf die buchstaben längst abgetragen sind
in ferne räume, wo sie auf bildschirmen leuchten

in immer neuen variationen deiner worte,
die fremde augen wärmen und weiten, während

du weiterschreibst, blindlings wissend vor schmerz
und glück, zwischen trance und tränen die ganze nacht,

für die du zu müde bist, bis du davon erwachst,
im schatten des lichts, dass die bewegung deiner finger

all deine vielen facetten ins gegenüber schleift
und wieder zu dir zurück, wo du dich beginnen kannst,

tief unter den unsichtbaren zeichen, die sich dir zutragen,
leise und leicht, um dich hinüber ins freie zu tasten.

## III

**auf deiner zunge** aber sei alles bittere spürbar
nur in den hinteren regionen, wo keine laute mehr

entstehen, hieß es lange zeit, als gebäre die höhle
mundraum eine kartographie aus lauter hoffnung,

die die berührung von zunge zu zunge dir zuwirft.
aber die grenzen sind längst überschritten, worte,

an die du dich hieltest, gebrochen und dir verwehrt.
sie setzen sich fort, gerade an dieser stelle, knospen

auf: rezeptoren zwischen süß, salzig und sauer,
die nach jahrzehnten erinnert werden. zugegeben:

wir wissen wenig darüber. immer noch insgeheim
löst sich das bittere wort für wort auf deiner zunge.

## IV

**zu hören** die prognose von spürbar nachlassendem
regen. deine aufnahme bewegt sich gegenwärtig noch

zu den negativen konnotationen im ohr; stillstand also,
doch die frequenzen wechseln im stündlichen takt,

wo vertrautes plötzlich auffährt für einen moment der stille.
während du auf das dunkle hörst, hoffst du auf leisere klänge,

vernehmliche musik. als käme der frühling von selbst,
stellst du blumen ins fenster, erwartest still vor dich hin,

auch wenn immer noch unentwegt tropfen gegen deine
scheibe schlagen: das ohr kommt langsam ins gleichgewicht,

als die prognose verklungen, das radio verstummt,
der tag gelöscht ist in deinem traum vom zuhören.

# V

**ein atmen** geht durch den raum. lauter flüchtige substanzen,
in die sich deine gemischten gefühle einschreiben

zwischen anziehung und abstoßung. so war es schon immer.
du hattest dich leicht an die dinge gewöhnt, an die ätherischen

öle zwischen balsam und betäubung, wo sich gerüche
einnisten zwischen immer und nie. witterungsbedingte

moleküle, die, gelöst, in zellen registrierbar werden,
kaum benennnbar in ihrem gemisch. aber diese tage

sind ein beginnen im luftstrom des nunmehr geöffneten fensters,
wo eine rose erscheint wie die variation einer erinnerung

aus weiter ferne, die du vergessen haben wolltest, bis der wind
dich eines besseren belehrt, du von ihm lernst: dein einatmen.

## VI

**das zusammenfühlen lässt** nach, öffnet wege, rauscht im wort
sinnstiftende mechanismen herbei. hinter der angst

wird sichtbar: geruch der geräusche, die in immer neuen
farben nach deinem gusto dich berühren unterm spiegel

oberflächlicher wahrnehmung, als hätten die sensoren sich
ineinander verschlungen: augenblicke tasten auf deiner zunge,

zu hören ein atmen, das zusammenfühlen lässt, consensual,
leben und schmerz, die form der klänge auf deinem körper,

ein geben und nehmen, miteinander verbunden, verschlingend
die angst und das, was dich so lange von dir trennen musste,

bis du jetzt in dir aufgehst, vorwärtsgewandt, in deinem ich
das beginnen kannst, was dich fortan das zusammen fühlen lässt.

STEFAN HEUER

**zwischen dem grün**

der mohr hat seine schuldigkeit getan, der mohr
~~kann gehen~~ soll bleiben; noch bleibt arbeit genug:
husch husch, mit dem besen den nebel aus den

bäumen, der graue sack, grobes leinen zwischen
dem grün / mein dunkler fleck ein stück papier
in theorie und praxis, und der deine die moral mit

breiter säge, breitem blatt; klappaltar aus span:
aus unseren köpfen der regen, lange vor den
ersten wolken (es gibt dinge, die haben bestand)

über den wipfeln die schwalben, die sich zum
rückzug sammeln, das vom himmel gelogene blau


**und vor lauter bäumen den wald**

und vor lauter bäumen den wald kaum, zwischen
den bäumen und hecken die felder, der raps
ein gelber teppich nach itten, darüber die wolken

als ein spiegel der berge / strecke machen, auch
dieser weg gesäumt von ressourcen, die falken
und lerchen, mimikry im wochenbett der fauna;

erst durch absägen der äste sichtbar: ein nest

**aus freien stücken**

heben wir die hand ~~nicht mehr zum gruß~~, wir
setzen sie an die stirn und schauen ins land
und in jeden toten winkel, über den tellerrand

hinaus, und siehe da: ein weiterer teller, da
schaut jemand zu uns herüber, da steht ein
spiegel ohne scheibe / schwarz auf weiß ist

zu lesen, wer ins gras beißt (und wie es ihm
schmeckt), schwarz auf weiß die hoffnung auf
gute quoten, auf ein wort zur rechten zeit,

die hoffnung auf einen nicht zu teuren glaser



**träumten der welt ein zuhause, einen hafen**
*für Frank Milautzcki*

die sonne kommt raus, man wünscht sich einen
guten tag (und es ist nicht so, dass es anders
sein sollte), die zukunft in karten, die zukunft in

bildern, und hinter geschlossenen lidern noch
zögerlich, fast ängstlich, nur im nahen osten
kommt der frühling, kommt der morgen mit aller

gewalt / mit dem staub in die fugen, schon sind
die ritzen bereit: träumten der welt ein zuhause,
wir träumten der welt einen hafen, einen sturm

ohne angst vor der ruhe zuvor, der ruhe zuvor

THOMAS BÖHME

VERSE IM HELLEM LICHT

Lies das Kleingedruckte! Krieg der Libellen.
Nichts von Bedeutung. Die Tage sind gleißend.
Gestern noch schlug die Heizung an. Heute
reißt du dir jeden Fetzen vom Leib. Am Strand,
am gemischten, die sonnesüchtigen Körper.

Der Unfall, eine Verkettung von Umständen.
Zwei Fahrräder ineinander verkeilt, am Boden
die Frau, das Blut aus der Kopfwunde, heißer Asphalt.
Du schiebst ihr dein Badetuch unter. Sirene & Blaulicht.
Nein, dem Jungen gehts gut. Der Helm, gottseidank!

So. Leichtes Zittern, eine Luftbewegung, mehr nicht.
Kaum Abkühlung, wieder Grilldüfte um die Hecken.
Etwas macht dich benommen, etwas reizt dich
über den Durst hinaus. Lies das Kleingedruckte!
Krieg der Elfen. Ruhig fließender Verkehr.

Einst im blauen Balsam der Tropennacht.
Sterne, fett wie Fliegen, ihr Steigen & Fallen.
Insektengeschwader mit glimmenden Flügeln.
Eine schaumlose Welle, immer eine Fadenlänge voraus.
Das Boot, ein Katamaran, bestückt mit Lampions.
Der Perlentaucher, den Schurz um die Lenden,
den Lederbeutel für Münzen am Handgelenk.
Die Rufe, die ihn befeuern, hochgeschraubte Gebote.
Die Finsternis lockt, *just for fun, compañero*.
Das Tosen in seinen Muschelohren, das nur er hört.

2. Akt. Szene: Am offenen Fenster. Die winzigen Sterne
der nachtblinden Großstadt an den Fingern zu zählen.
Ein Falter prallt ein ums andre Mal gegen die Lampe.
Der Ohrensessel, der onanierende Affe, Souvenir
aus der Südsee. Die anderen Affen beim Souper, auch sie
schon ein *Au revoir* im Gesicht. Zeit zum Aufbruch.
Der narkotisierende Atem der Maiglöckchen,
nur neuneinhalb Meter unter mir, ihre Perlenkolliers,
nach denen zu tauchen, *just for fun, compañero*,
die flüchtigen Gäste mich wieder & wieder bestürmen.

DIE SCHÖNE WELT GEHT BADEN.
Die Umkleidekabinen sind mit Kleinodien vollgestopft.
Niemand will den Trödel mehr haben.
Die Sanduhren lassen die Muskeln spielen.

Die imitierten Gewässer flunkern.
Ein Abraumbagger schreitet über den Horizont.
An den Aborttüren stehen bedrohte Wörter
neben Handzeichnungen für den Hausgebrauch.

Ein Taucher versenkt eine Kirchenglocke.
Die Ballonfahrer halten es mit ihren Handys fest.
Der Lichtbildner unter dem schwarzen Laken
zündet einen Magnesiumblitz.

## Augusta Laar

PARALE PARADE PASTORALE

was machen die landleute,
heugabelrittlich am weißkogelfly &
samtschlüpfig teichschleierweihern im
schimmrigen klingsonnenflims
salabims schwindelfrei

was machen die pferdleute
spreublütig pasternackt prasseln im
zimt glitsch glissando schritt griff
ritardando hei-i-ei

was machen die blutleute totleute
brautsudelblauschwitzen bauchnudelaufschlitzen
himmel blitz gift unterm tisch
vogelfrei

hexenluder leichenzuber engelsklixser ziegenspixser
höch karat süss spagat lilienbraus und wiesenschall
die maurer bauen ein haus und einen stall.


*(für h. c. artmann)*

LOHENGRIN

ankert im achteck blau
weiß tuckert himbeer
am ufer mein schwan
war schon hier lässt auf

sich warten kitzelt algen
schaum zungen hört das
weiße album der beatles
singt ...

   *(düsenantrieb amselgezwitscher*
   *schweinegrunzen händeklatschen*
   *lachen schnarchen gesprächsfetzen etc.)*

spielt mit blättern und
blauen libellen am schiffs
bug blaue ruder waten
lispeln der kleine

schwan wedelt mit dem
schwanz hüpft auf dem
wasser fliegt höher als der
himmel lohengrin kuss

verschmiert fährt über
den wesslinger see mit
dem restmüll my friend
steigt ins lavendel bett

oder achselgewürz riecht
einen liebesbrief (what a
shit!) unter der decke vis
-a-vis verwischt wie ...
   (im bärenwald)

VERTIGO

satelliten im
bauch schwimm
badblau im
kopf von auf
nach ab und so
weiter stehst du
am rand gibst
mir den griff
auf die taste
geflüster im
see mein rücken
liegt bloß faules
reptil grab mich
aus näh mich
fest lies mich lies
mich die luft
ist dünn auf der
hohen kante

DANA GIOIA

Schlaflosigkeit

Jetzt hörst du, was das Haus zu sagen hat.
Rohre pochen, Wasser rinnt im Dunkeln,
Wände aus Hypotheken rücken unbehaglich umher
und Stimmen steigen ins endlose Dröhnen
kleiner Seufzer, wie die Geräusche einer Familie,
die du Jahr für Jahr zu überhören gelernt hast.

Jetzt aber mußt du den eigenen Dingen lauschen,
allem, wofür du in den letzten Jahren gearbeitet hast,
dem Murmeln des Besitzes, den maroden Sachen,
den beweglichen Teilen, die gleich abfallen;
und verknäulte Laken erinnern an alle Gesichter,
die zu lieben du nicht über dich brachtest.

Wie viele Stimmen flohen dich bis heute,
der qualmende Ofen, die Dielen unterm Fuß,
das ständige Anklagen der Standuhr,
die die Minuten zählt, auf die niemand achtgibt.
Die schreckliche Klarheit dieses Augenblicks,
die nutzlose Einsicht, die anhaltende Dunkelheit.

### Gleichheiten des Lichts

Wir bogen um die Ecke und entdeckten sie,
als die alten eisernen Lampen soeben ansprangen —
eine stille, baumgesäumte Straße, bloß einen Block lang,
die zwischen den lärmenden Alleen ruhte.

Die Laternen warfen die Schatten der Blätter
auf die gekalkten Backsteine, und jedes Fenster,
das durch die mit Efeu verkleideten Fassaden glomm,
versprach Leben, das vollkommen ist wie Licht.

Wir gingen unter den Bäumen und zählten
die hohen schwarzen Türen der verriegelten Häuser.
Und doch: wir hätten jede Tür öffnen können,
jedes vom Abend angebotene Zimmer betreten.

Oder waren wir so verblendet durch die fremde
Gleichheit des Lichts, den streunenden Wind,
der Bäume suchte, daß wir glaubten, diese kurze
Verbindung unserer getrennten Leben sei wirklich?

Es schien, daß dieser Moment wie ein Geist zögerte,
ein Funke in der Luft, winziger als eine Motte,
ein vom Streichholz hochflackernder Rauchkringel,
der in einer Welt spukt, die er nicht berührt oder hört.

Dort sollte ein Gruß oder Zeichen gewesen sein,
das Lächeln eines Fremdlings, irgendetwas jenseits
der sanften Weigerungen der Sommerluft,
der Kinder, die Geheimnisse auf den Stufen tauschten.

Der Verkehr brüllte von der Allee. Unsere Schatten
huschten über die langgezogene Wand der Straße —
was hätten wir schließlich anderes tun können,
als zurück um die Ecke in unsere Leben zu biegen?

**Meine tote Geliebte**

Wie erbärmlich waren wir beide, Liebste,
Als wir jung waren und perfekt sein wollten.
Du konntest dich nie mit Glück zufrieden geben.
Du wolltest Ekstase — oder gar nichts.

Dein Körper war der erste, den ich besser kannte
Als meinen eigenen. Deine Hände die ersten,
Denen ich mich hingeben konnte. Meine Träume suchen
Noch immer den engen Raum unserer Nachmittage.
Wir schlossen ab, doch durch die Jalousien schlüpfte Sonne,
Und die Zeit kroch zählend näher heran.

Und nun bist du nirgends. Du bist nichts,
Nicht einmal Asche. Das sieht dir ähnlich, Liebste,
Wieder so geschickt zu entschlüpfen.
Du hast nicht einmal ein Grab hinterlassen,
Wo ich einen Kranz aus Reue niederlegen könnte
An deinen Namen, was dich, ich weiß, nicht kümmert.
Du haßtest Szenen, besonders Abschiede.

Die Leute, die am Pier an mir vorübergehen,
Wissen nichts von dir. Sie sind die Geister.
Ich streue eine Handvoll Erde in den Wind.
Ich opfere sie anstatt der Asche. Du bist es nicht,
Die der Wind Körnchen für Körnchen davonträgt.
Du bist befreit von Erde, Zeit, sogar von mir.

Unsere Rituale sind niemals für die Toten.

**Die brennende Leiter**

             Jakob
kletterte niemals die Leiter hinauf,
die im Traum brannte. Schlaf
drückte ihn wie einen Stein
in den Staub;
            und als er sich
flammenhaft hätte erheben sollen,
um sich mit jenem Engelschor
zu vereinen, war er müde
des Reisens
            und verschloß
die Augen vor den auffahrenden
Seraphim, ahnungslos über
die unglaublichen Längen
ihrer Schritte,
            er verpaßte,
wie sie die leuchtende Leiter
erklommen, die zwischen
den Sternen langsam schwand
ins diffuse Licht,
            verschlief
all das vollkommen, ein Stein
auf steinernem Kissen,
fröstelnd. Die Schwerkraft
stets größer als das Verlangen.

*Aus dem Amerikanischen übertragen von Jürgen Brôcan*

WALLE SAYER

### Wetterkassiber

Der Dezember macht einen Aprilscherz. Ein paar Schneekanonen sind noch auf den Sommer gerichtet. Herbstkupfer, als läg in jedem Gartenhäuschen eine rostige Parzenschere herum. Und Heldentenöre, die vor ihrem Auftritt mit Frostschutzmittel gurgeln. Theatralisch jagt ein Sturmwind seinen Böen hinterher. Eine Flußratte sitzt auf dem Pegelstand des Fensterbretts.

### Erkennungszeichen

Ein paar Katzenhaare am Pullover und in der linken Hand die Rose einer Spanne, die es da brauchte, braucht: bis aus einem alten Kindheitsgockeler ein Kampfhahn wird, Straßenleere den Flaneur zum Herumtreiber macht, zwischen Zeilen aufgehobener Liebesbriefe Disteln wachsen, und jedweder Ausgangspunkt so winzigklein wär wie ein Uhrenschräubchen, das unter einen Küchentisch gefallen ist, damit dann du es sein wirst, der sich bückt und danach sucht.

### Rollator

Vertikale Zeit. Die Zimmerluft wie durch ein Schilfrohr einatmen. Der herangerückte Stuhl mit dem Faltengebirge des Morgenmantels. Ein Lazarus, der liegenbleibt, sich wegdreht und zum Fenster starrt. Wo der Quittenbaum leuchtete, Regentage ihr lappiges Grau aufhingen, Nachmittagsstille den Schneefall vertonte. Vorige Woche noch sich verkältet: nur weil er im nächtlichen Traum zwischen Tropfsteinen und Knochengerüsten zu lange herumgestanden war unterm zugigen Einstiegsloch der Bärenhöhle. Das Gehwägelchen wartet schattenbrav in der Ecke. Ist es heut gewesen, war es gestern, daß eins der Enkelkinder eintrat und dabei einen Blumenstrauß vor sich hertrug wie eine Fackel.

### Mimik

Guck so, als sähest du den Graureiher, der mir auf der Schulter sitzt. Als sähest du in einer Juwelierauslage das ausgehackte Krähenauge eines dunkel eingefaßten Steins. Als sähest du auf eine Opulenz, die flüstert: wenn du das alles aufißt, bist du zahmgefüttert.


### Bogenschütze

Ich sehe dich im Garten, wo die aufgehängten Stoffwindeln wie ein Banner wehen, drei Bäume einen dichten Forrest bilden und ein gestapelter Reifenturm ragt, auf dem die Wächter schlafen. Glaub mir, präziser wirst du keine Reichweite jemals abschätzen können als mit diesem Bogen in der Hand: ein Haselnußstecken, die Sehne aus Paketschnur gespannt. Und ruhiger wird eine Bestimmtheit nie werden als jetzt, da du aus dem Köcher einer leeren Plakatrolle einen Schilfpfeil hervorziehst, der eine Holunderspitze hat und mittig einen leichten Knick. Und genauer wird kein Ziel je anvisierbar sein, und sei es nur das unmerkliche Pendeln des Wäscheklammerbeutels, der Bannkreis des Katzenlochs in einem Scheunentor, die Luftmasche um ein einzelnes Ahornblatt.


### Nichts, nur

Nichts, nur der Vollmond, der sich spiegelt im ruhigen Wasser, ein an den See entrichteter Obolus der Nacht. Nichts, nur ein paar Raben, Funktionäre der Farbe Schwarz, hocken in den Baumkronen, zerkrächzen den Tag. Nichts, nur die Runde am Nebentisch, Schaumkronen setzen sie sich auf, erlassen ihre Edikte, danken ab. Nichts, nur: diese Tonfolge. Als begänne damit ein jeder Anfang. Als finge damit jeder Anbeginn an.

KURT DRAWERT

**Ich hielt meinen Schatten für einen andern und grüßte**
*Romanauszug*

> „Die Geschichte von Kaspar Hauser ich will es selbst schreiben, wie hart es mir ergangen hat." Kaspar Hausers Autobiographie, erste Variante, erster Satz.

*20.)*
*Dementia praecox (II und ff.)*

(...) Anstatt also nach Okkerwalde[1] – Einladung von Professor Daumer[2], an den internationalen Tagen für Gerichtsmedizin meine anatomischen Besonderheiten dem scharfen Auge der Wissenschaft durch Hervorzeigung derselben höflichst zur Verfügung zu stellen – kam ich nach, ich glaube jetzt noch einmal Zabrze. Die Autobahn von Rom über Mailand nach Okkerwalde war wegen ausgelaufener Ziegenmilch für Ostfahrzeuge[3] gesperrt, so daß ich einer empfohlenen Umleitung folgte, die ihrem Namen alle Ehre machte: drei Tage nur Nadelwald und einmal ein Schild mit der Aufschrift: Moskau, zehntausend Kilometer. Kurz und gut, in Polen blieb ich dann für ein, zwei oder zwanzig Jahre hängen. Spielte mir mein Unterbewußtsein einen Streich? Denn gerade in Zabrze, berühmt für seine tiefschwarzen Kohlebestände und eine Parkbank, auf der unser Geheimrat von Goethe, nun ja, Sie ahnen es schon, sagte ich Feuerbach[4], lebte meine Übersetzerin in eine Reihe von Geheimsprachen, aus denen nichts mehr dechiffriert werden konnte. Ysabella, oben blond und unten ohne. Konnte nie genug davon haben. Kaum war ich aus dem Fahrzeug gestiegen, rieb sie sich ihre Schenkel an meinem Lenkrad, das ich vorsichtshalber abgeschraubt und untern Arm geklemmt hatte. – Kann ich vielleicht erst einmal meine Bibliothek ausräumen und aufs Zimmer bringen?, fragte ich Ysabella. Ja, ich hatte meine Bücher aus Leiden[5] immer dabei. Eine Angewohnheit aus der Zeit meiner literarischen Zwangsneurosen.

Andere kauften dieses und das, und ich kaufte ausnahmslos Bücher. Klar, daß ich einen Anhänger voll davon hatte und dann nicht mehr losgeworden bin. Jedenfalls fuhr Ysabella auf ihrem Hochrad immer an meinem Appartment vorbei, den ganzen Abend und die ganze Nacht, bis ich dann eingeschlafen war und von einer gewaltigen Eisspalte träumte, in der ich verklemmt für ein paar Jahre festhing. Wahrscheinlich polnische K.O.-Tropfen mit Wodka verdünnt. Da ist jeder ohne Chancen, bei seinem *Nein, ich will nicht* zu bleiben. Dann fuhren wir auf ihrem Hochrad, sie vorne, ich hinten, oder sie oben, ich unten, oder ich oben, sie vorne, oder sie unten, und ich zu Fuß hinterher. Krakau war dann wieder wie Rom, nur, wie schon berichtet (?), mit Pasta roh aus der Verpackung und gleich auf den Teller geschleudert, und Ysabella, die mitkam, ohne nachzudenken, hatte rein zufällig im selben Hotel, gleiches Zimmer, gebucht. Ich gab ihr einen Teppich ins Bad und schloß sie dann ein. Ich mußte zur Ruhe kommen, legte mir Eis aufs Geschlechtsteil und sah polnisches Staatsfernsehen, das mich dann allerdings auch wieder sonderbar lange erregte. Und während ich so auf der Couch lag und über mein schiefes Leben nachdachte, brauten sich in Okkerwalde die schlimmsten Gerüchte zusammen und drangen an mein empfindsames Ohr im fernen, fernen Schlesien: ich sei gar kein Erbprinz der Zone, sondern ein ganz gewöhnlicher Feger irgendwo tief aus dem Bauernstand, der sich eine Rente erschwindelt. Nun hatte ich ähnliche Anschuldigungen schon Jahre vorher beim Bach-Wettbewerb in Ingeborg am Klagensee gehört, nur war der Bach-Wettbewerb nicht mehr als ein Betriebsausflug berufsbedingter Zeitungsleser und dementsprechend nur mäßig bedeutend. In Okkerwalde aber, wo ich mir eine Zukunft in der Langzeitklinik durchaus gut vorstellen konnte, war schlechte Meinungspresse einfach verheerend. Und die Argumente gegen mich, das heißt gegen meine Glaubwürdigkeit, das heißt gegen meine Anwesenheit, verdichteten sich und machten mir mein geordnetes Restleben streitig. Im Auftrag der immer wieder gern gelesenen Zeitschrift *Der Ossi* hatte man nämlich eine gerade möglich gewordene mitochondriale DNA-Analyse eines Blutflecks auf meiner historisch so hochgeschätzten Hose daraufhin vorgenommen, Merkmale von Verwandschaft zwischen mir und dem badischen Stammesadel, ich meine mir und einer ostdeutschen Braunschlackengrube, ich meine mir und einer Gegenpopulation der Familien Stalin, Ulbricht und Co. festzustellen mit dem Resultat eines Übereinstimmungskoeffizienten von plus/minus null. Es sah wirklich schlecht aus. Ich mußte selbst hin. Sah meine von Ausscheidungen der verschiedensten Art und Konsistenz übel zugerichtete Bundfaltenhose mit 1,5 % Baumwollanteil, die ich einmal im *Exquisit* für rund zweitausend DMD[6] erworben hatte, hinter einer Vitrine ausgestellt, daneben mein erstes Merk- und Beobachtungsheft und einen Stadtplan von Leiden, den man sich sehr schnell einprägen konnte, da er nur aus vier sich kreuzenden Linien bestand. Auf Seidenpapier und in Leder gebunden lag das Gutachten daneben, nach dem ich 1.) weder männlich noch weiblich wäre, 2.) unmöglich menschlicher oder dem Menschen ähnlicher Abstammung sein könne und 3.) keiner Art angehörte, die 3.1.) enzyklopädisch erfaßt bzw. 3.2.) nicht erfaßt ist. Unterschrieben von Polizeirat Johann Friedrich Karl Merker auf dringende Empfehlung seines Schreibtischkollegen Freiherr von Schnitzel, dessen Klassenkampfsendung „Der trübe Kanal" einmal Legende gewesen ist: – *„Wie viele Beispiele giebt es von Betrügern, welche mit eiserner Beharrlichkeit lange Zeit hindurch einen schmerzlichen Zwang erduldet, und sich Jahre lang gefügt haben. Und welche Klugheit, welche Ausbildung gehört dazu, eine solche Rolle zu spielen, wenn angenommen werden könnte, daß er ein Betrüger wäre?"* Wer jetzt einen Stift halten konnte und seine Karriere noch vor sich hatte, schrieb mich flott ins Verderben. Freiherr von Schnitzel setze gleich noch einen Aufsatz über Anton Delbrück hinterher, der die *Pathologische Lüge und den psychisch abnormen Schwindler* als einer der ersten wissenschaftlich tiefendurchforschte. *Pseudologia phantastica,* so stand es schließlich im Okkerwälder Heimatboten[7] mit der für die einfachen Leser verständlichen Zweitüberschrift: *Lügen haben kurze Beine und führen geradewegs in die Klinik.* Die Deutsche D. Republik – ein Spuk in meinem Schädel? Sie verstehen?, fragte ich Feuerbach. Nun hatte mir Grete von Hering[8] selbst einen

Brief geschrieben des Inhalts, daß die Hose „nach etwas aussehen müsse...", wenn man sie öffentlich im Sinne meiner erlittenen Schmerzen verwenden will, und so goß sie kurzerhand Schweineblut auf den Stoff. Polizeirat Johann Friedrich Karl Merker, früher Generalmajor beim Geheimbund, wußte das natürlich. Ein zweiter und diesmal nachweislich von mir stammender Fleck wurde nur kurze Zeit später übrigens auch untersucht, aber dieses Ergebnis ist nirgendwo dokumentiert. Klar ist, sagte ich Feuerbach, daß hier alte Seilschaften, wie sie in den kürzlich freigegebenen *Rosenstolzakten*[9] aktenkundig aufbewahrt sind und bei angemessener Interessenlage auch bewiesen werden könnten, weiterhin wirken und abermals neue Wirkungsgeflechte ergeben, politische Rhizome gewissermaßen, in denen die Vergangenheit fortlebt und schon zur Zukunft geworden ist. So hatte ich plötzlich die Welt gegen mich und war doch nichts als ein Zwerg. Selbst Lord Henry Moesinger, mein Vormund in den ersten Okkerwälder Jahren und ein begeisterter Förderer unausgelebter Talente, dem ich tausendmal Dank sagen wollte, aber nie dazu kam, schrieb für mich völlig unerwartet und plötzlich: „Was mich am meisten verdrießt, ist, jetzt einzusehen, daß auf seine Erinnerungen nicht gebaut werden kann." Das waren die tiefsten Enttäuschungen, die den Umweg nahmen über das Herz. Aber konnte ich eine Ahnung von Lord Moesingers wahren Absichten haben?, fragte ich Feuerbach. Natürlich nicht. Im Gegenteil, Lord Moesinger, der mir half, wo immer er konnte, und der mir eines Tages sogar versprach, mich in die Mitte seiner Familie zu schleusen und zu behandeln wie seinesgleichen eigener Sohn, vertraute ich, seit wir uns das erste Mal trafen. Wir lernten uns im Stadtpark von Okkerwalde kennen, hatten beide den gleichen großen Druck auf der Blase und kamen so und währenddessen ins Plaudern. Ich hatte wirklich noch nie so lange und so interessant uriniert, sagte ich Feuerbach. Nun war sein Strahl dermaßen kräftig, daß viele kleine Spritzer von der Kalkwand zurück auf unsere Kleidungen sprangen und hell wie kleine Sternchen im Tageslicht blitzten, was durchaus hübsch anzusehen war. – Sie kleckern mich gerade ein wenig voll, sagte ich schüchtern. – Es tut mir sehr leid, sagte er, aber ich kann gerade nicht anders. Sie sehen ja, was da aus dem Inneren meines Leibes schießt. Kommt vom Saufen, nehme ich an. Aber bei zehn Geschäftsessen die Dreiviertelstunde. Übrigens, Moesinger mein Name, Lord Henry von, Weltenbummler und Ehrenbürger der Stadt Okkerwalde, in der ich eine Fabrik besitze, die aus Holzrückständen Sägespan raspelt. Gewußt wie, und schon türmen sich die Millionen. – Schwer angenehm, sagte ich und reichte ihm beide Hände, um ihn gleich zweimal zu grüßen. – Ich heiße auch bzw. habe gar keinen Namen, sagte ich. Auch kenne ich meine Mutter nicht und nicht meinen Vater. Möglicherweise verfüge ich überhaupt nicht über desgleichen und bin geboren, wo andere ihren Abfall hineintun. – Als wer oder was will er denn Fuß fassen im schönen Okkerwalde?, fragte Lord Moesinger am Ende der Unterhaltung über fast alles, was einem so nah geht. – Oh, sagte ich und dehnte diese eine Silbe so bedeutungsvoll in die Länge, daß sie zu einem Roman geworden war, den ich aus Zeitgründen jetzt nicht erzählen konnte. Von diesem Tag an trafen wir uns fast täglich an selber Stelle wieder. Ich übte mich als Parkordnungshüter[10] und verscheuchte die Vögel, wenn sie unerlaubt über die Wiesen tapsten, und er erholte sich vom zehnten Geschäftsessen und genoß es, hier einmal ganz natürliche Verhältnisse vorzufinden. Bald schon bezahlte er Daumer dafür, mir in die Erbsen gebratenen Speck beizumischen und riet mir gut zu, an meinen Merk- und Beobachtungsheften weiterzuschreiben, wofür er mir wöchentlich auch neue Bleistifte und Papierbögen brachte. Heute wissen wir ja, sagte ich Feuerbach, daß ihn Obermajor a. D. Dr. Туттй[11] geschickt hatte, um herauszufinden, ob und an was ich mich zu erinnern vermag und inwiefern es für seine, Obermajor a. D. Dr. Туттйс zweite Karriere, die im westdeutschen Beamtenstand recht glücklich angekommen war, doch noch einmal brenzlig werden könnte. Ich sei doch wohl ein Dichter von Gnaden, meinte Lord Moesinger, den Blick in meine Hefte versenkt, in denen er alles andere als Poesie gesucht hat, und eine Zeile von mir wäre mehr wert als alle seine Konten zusammengerechnet. Aber tauschen freilich wollte er auch nicht. Dafür lud er mich hin und wieder ein, in sein Riesenrad zu steigen und von ganz oben auf

Okkerwalde zu spucken. Lord Moesinger, der von einer Sache sehr schnell gelangweilt sein konnte, wenn sie länger als zehn Minuten anhielt, wechselte seine Vergnügungen und erfand sich immer neue Möglichkeiten der Zerstreuung, die er *Arbeit* nannte und an den Wochenenden *Streß*. Und im übrigen kaufte er alles auf, was er auch nur im entferntesten gebrauchen konnte. Seine Besitztümer waren so zahlreich, daß ein Leben nicht ausreichen würde, sie alle aufzuzählen. Das hing damit zusammen, daß Lord Moesinger die komplette biologische und soziale Umwelt eines Gegenstandes, den er sich angeeignet hatte, mitkaufte. Allein meinen Bleistiften, die er mir regelmäßig brachte, ging der Erwerb einer gesamten Ladenkette für Schreib- und Bürogegenstände voraus. Hatte er einen Brief abzugeben, kaufte er sofort das Postamt, und so ging es zu, seit Lord Henry Moesinger vor fast zwanzig Jahren nach Okkerwalde gekommen war. Konnte es überhaupt noch etwas zu kaufen geben für den Lord? Ich vermute, sagte ich Feuerbach, daß der Amtsbürgermeister und mit ihm der gesamte Stadtrat von Okkerwalde zu Lord Moesingers Privateigentum zählt. Und das alles durch eine einzige Maschine, die aus Holzabfall Sägespan raspelt. Darauf muß einer kommen, und dann kann er *Schriftsteller* werden. Und tatsächlich, bald schon, im Weinbunker, nach einer dritten Flasche gutem Fünfhunderter[12] kramte er seine eigenen literarischen Verfertigungen heraus und las sie mir mit erhabener Stimme selbstbewußt vor: „Du bist die Blume der Wüste, die dürstet. / Und ich bin das Wasser, das dich ernährt. // Du bist die Hausfrau, die kocht, wäscht und bürstet. / Und ich bin dein Fahrer, der sich niemals verfährt." – Ganz wunderbar!, sagte ich mit schwerer Zunge mehr hervorgebrochen als wirklich verständlich. Lord Moesinger war gerührt, offensichtlich selbst über die hohe Gabe der Poesie zu verfügen, ohne sie teuer erwerben zu müssen inclusive einer Hochschule für literarische Bildung o.ä., und machte sofort eine neue Fünfhunderter auf. – Mit soviel eingespartem Geld ließe sich doch meine Wenigkeit durchfinanzieren, sagte ich plötzlich schlau und hellwach geworden. Lord Moesinger zückte sein Scheckheft wie andere ein Messer und schlug es hart auf die schachbrettgemusterte Marmorplatte mit Goldrandverzierung: – Wieviel und für immer? Geht aus der Portokasse. In diesem Moment streckte mich ein Gesichtskrampf mit Komplettverkantung der Kiefernknochen dermaßen nieder, daß ich außer Oooohhh und Aaaahhh nichts Sinnvolles hervorbringen konnte. Das war's und kam nicht wieder. – Ich hätte natürlich wissen müssen, sagte der Lord schon im Gehen begriffen, daß er so banale Dinge wie Geld nur abstoßend findet. Er, der an solchen wunderbaren Merk- und Beobachtungsheften schreibt, deren geistige Kostbarkeit mit keinem Scheck dieser Welt je bezahlt werden könnte. Nein, ich werde ihn nie wieder damit behelligen! Danach besorgte ich mir sofort ein T-Shirt mit der Aufschrift: *Ich nehme alles, und am besten sofort*, denn schon allein in der Klinik hatten sich Kosten ergeben, die ich, zahlungsunfähig, wie ich war, mit täglichem Geschirrdienst für die nächsten vielleicht einhundert Jahre abarbeiten mußte. Dann gab es die noch immer unbezahlte Krankenhausrechnung aus Rom. Ich Zoni ohne Welterfahrung hatte mir für eine Operation – eine zu Kalkstein gewordene Giftablagerung hatte sich in der linken Herzkammer verfangen und blockierte den Blutfluß einer Arterie zum Großhirn –, doch tatsächlich eine komplette Narkose geleistet, die natürlich sauteuer zu Buche schlug. Und Lord Moesinger schob mir keinen Złoty mehr zu, um mich nicht noch einmal so sehr zu beschämen. Dann, als sein Auftrag erfüllt war und er alle oder doch fast alle Merk- und Beobachtungshefte durchgeschnüffelt hatte, ließ er mich ohnehin fallen und schrieb an den Okkerwälder Heimatboten jenen denunziatorischen Vermerk, mit dem er sich auf die Seite meiner Feinde schlug. Fand er etwas? Ich glaube, nein, da ich prinzipiell alles von rechts nach links und von unten nach oben beschrieb. Außerdem ließ ich die Vokale beiseite, um mehr auf eine Zeile zu kriegen. In den Kopien für die Nachwelt war dann zwar alles wieder geradegerückt, aber die hatte ich so gut versteckt, daß ich sie jetzt selbst nicht mehr finde. Hier, in der Klinik, in der ich keinen Platz mehr für Bücher hatte..., mir geht es wieder nicht gut, sagte ich Feuerbach. Ich muß mich kurz ausruhen. Ein halbes Leben im Kniestand, das hinterläßt seine Spuren. Auch weiß ich im Moment nicht, von welcher Zeit wir eben noch sprachen. Seitdem mein schöner Montagskalender, der aus einer einzigen Seite bestand, die wirklich die komplette Ewigkeit faßte, was wollte ich sagen? Ja, nein, ich konnte nichts mehr auseinanderhalten und in ein lineares System übertragen. Die Verschiedenheit der Tage und Dinge machte mich konfus. Bei uns, unten, war alles wie Erbsen in Tüten geschüttet. Bobo war Babsi[13], und in der Not war ein Hammer immer auch als Zollstock verwendbar. Aber nun gab es für jedes Ding ein Fach, einen Namen, ein Preisschild. Ich war, zumal ohne Taschencomputer, restlos überfordert, mein Gehirn, sagte ich Feuerbach, muß dafür einfach nicht beschaffen gewesen sein. Vielleicht auch zu klein, oder zu kantig. Als würde man einen Kürbis nehmen und verlangen, daß er nach Banane schmeckt. Ich meine, vielleicht ist ja meine ostzonale Unterweltspezies, der ich entstamme, genetisch betrachtet wie ganz fernes Ausland, wir brauchen, sagte ich Feuerbach, ein Schichtröntgenbildnis von meinem Kopf. Dann können wir ja sehen, ob ich ein Kuckucksei bin. Wundern würde es mich jedenfalls nicht, wenn ich gelegt worden wäre, um meinesgleichen nicht arrogant sein zu lassen. Aber wer oder was ist schon meinesgleichen. Einzeller vielleicht. Primitive Formen der Flechte. Nein, ich erhebe keine Ansprüche auf eine komplette Invalidenausstattung, sagte ich Feuerbach, ich würde schon, sagte ich Feuerbach, mit meinem Wissen vom natürlichen Abgang auch die Toilette pachten und putzen, wenn es schon mit dem Parkordnungshüter als Berufsstand nichts wird. Aber auch hier kamen wir nicht wirklich voran. Außerdem lagen der Stadtverwaltung von Okkerwalde zweihundertfünfunddreißig Bewerbungen vor, die alle erst einmal gesichtet und geprüft werden mußten. Überwiegend Akademiker, Geistesarbeiter wie ich, wenn ich gut drauf war. Irgendwie, dachte ich, muß es sich ja lohnen, daß man die Bank auf der Uni gedrückt hat. Sie hier oben, und ich irgendwo in den Tiefen der Erde, ausgestattet mit allerhand menschlicher Basiserfahrung. Vorher aber gehen wir meine physiologischen bzw. biogenetischen bzw. anatomischen Besonderheiten noch einmal der Reihe nach durch: Die Hasenscharte, kaum mehr sichtbar und nach dem Frühstück für mehrere Stunden mit Marmelade beschmiert. Der von Daumer entdeckte Kiemenansatz im oberen Halsbereich, nicht wirklich brockhausverdächtig. Ein paar Fachberichte, Tagungen von medizinischen Sonderlingen, die mir einreden wollten, etwas Besonderes zu sein. Der Klumpfuß, markig, in guter Sichtposition für ein nach Ereignissen dürstendes Auge und mehrfach gegen meinen Willen behandelt. Ausdruck einer hysterischen Mutter und Erkennungszeichen einer Bruder- und Halbbruder- und Viertelbruderschaft, wie ich sie wohl weitverstreut besitze; alle Klumpfußkinder sozusagen; alle Hasenschartenkinder sozusagen; alle Wolfsrachenkinder sozusagen; alles ein und dieselbe Abstammungslegende. Meine Stimme? Restlos zerschnitten, sofern überhaupt noch hörbar und vorhanden. Feuerbach war vielleicht der einzige, der sie aufgrund seiner langen Erfahrung mit mir noch wahrnehmen und wenigstens teilweise verstehen konnte. Im allgemeinen aber hatte ich gegen das Getöse um mich herum, ob es die Schreie eines Neuzugangs waren oder die lauten Stimmen der Nachrichtensprecher, die in allen Fluren und Zimmern rund um die Uhr telemedialen Bereitschaftsdienst hatten, nicht den Hauch einer Chance. Aber wenigstens las ich wieder, wenngleich keine Bücher, sondern Mahnungen der verschiedensten Art, und ich schrieb auch wieder, wenngleich keine Gedichte, sondern Briefe an die Behörden von Okkerwalde meine sozialen Gefährdungen betreffend, die auf mich jenseits der Anstaltsmauern warteten wie hungrige Wölfe auf ein schüchternes Schaf. Diese aber mit solchen ausgesuchten Formulierungen, daß sie kleine Kunstwerke wurden und die Empfänger nachhaltig erfreuten. Ich reimte sogar und gebrauchte klassische Metren, wenn es ganz eng für mich wurde. Kamen dadurch Wunder zustande? Leider nein. Es brachte nur noch mehr durcheinander, aber übel nahm mir das keiner. Und ich hatte viel Zeit zum Nachdenken, auch wenn das alles andere als einfach ist. Nicht nachdenken zu müssen ist ja eine recht feine Sache, wenn man genug Gelegenheiten hat, um sich abzulenken, wie es zu den Privilegien eines Lord Moesingers gehört. Ich behaupte sogar, sagte ich Feuerbach, daß die psychische Strapaze für Beschäftigungslose hauptsächlich im Bereich der Unabweislichkeit philosophischer Fragen liegt und dann erst in dem sozialer Demütigungen. Ich meine damit die *Nichtserfahrung*, mit der ich reichlich ausgestattet war und die mich so ungezieferhaft resistent werden ließ. Ohne Nichtserfahrung kann man ja heutzutage kaum überleben. Hätten sie, die hochbezahlten Subjektherrlichkeiten mit ihrer arroganten Art des Bescheidwissens im Blick, da nicht etwas lernen können von uns zum Unkraut gefallenen Zonis? Halten wir fest. Aber wer ist denn *wir* nun schon wieder? Denn Feuerbach war ja nachweislich tot, vergiftet, weil er so kurz vor der Lösung meines Rätsels stand. Schickte seine Berichte mich und meine Herkunft betreffend, daß ich ein echter ostdeutscher Erdling bin, geradewegs an die Geheimbundassoziation des Freiherrn von Schnitzel. Das ist so, als würde die Mastsau von alleine in den Schlachthof kommen, um zur Sülze zu werden. Aber hinterher ist man ja immer noch einmal dümmer als vorher nicht klug.

---

[1] Okkerwalde, Kleinstadt in (?). 123 Einwohner (durchweg Nervenärzte) und ca. 150 Tausend Pendler. Dort mit Vollverpflegung seit xx89/90 ff.

[2] Daumer, Georg Friedrich, Begründer der Homöopathie bei akuten Denkstörungen am psychiatrischen Klinikum von Okkerwalde, schrieb unter anderem die „Mittheilungen über Kaspar Hauser" und experimentierte ausschweifend und oft bis nach Mitternacht.

[3] Hatte noch den Dacia mit 0,8er Ladamotor und Trabantkutschenkarosse, oder?

[4] Feuerbach, Paul Johann Anselm v., Oberarzt am psychiatrischen Klinikum von Okkerwalde, schrieb auch den Begleittext: „Kaspar Hauser, Beispiel eines Verbrechens am Seelenleben des Menschen". Akademie-Verlag, Ostberlin, 73. Aufl. xx89/90.

[5] Unterdessen verschütteter Ort im neunten Schuldbezirk unter der Erde, an dem ich mich fortbewegte meine gesamte kostbare Jugend hindurch. (Mir in Erinnerung geblieben hauptsächlich wegen meiner vielen präsexuellen Betriebsausflüge, die ich dort unternahm (so an die dreitausend in einem Planjahr (aber meistens doch harmlos und fast ohne Nachwuchs)).

[6] Dermatologische Mark Deutschlands

[7] Okkerwälder Heimatbote, der, Tageszeitung der Region (hier und heute), Ein-Personen-Betrieb, Auflage schwankend, manchmal auch gar nicht.

[8] Eine meiner zahllosen Affären, Hauptinhalt aller Alpträume, verbeamtet und mit allen Wassern der Verstellung gewaschen (natürlich metaphorisch gesprochen, sagte ich Feuerbach).

[9] *Rosenstolz*: Dt. Popgruppe, die Texte aus diversen Geheimbundakten für ihre Lieder verwendet. Gesungen allerdings nur Englisch-rückwärts (ggf. dechiffrierbar!).

[10] Berufsziel meinerseits in Okkerwalde.

[11] Ehemals Direktor der „Firma" in Ostberlin, siehe aus Kap. 7: „Die Nadelmaschine eines gewissen Fránticek Kafka."

[12] 500.- Euro, ein Preis unter Freunden!, meinte der Lord, der damit das Niveau seiner Beziehungen kenntlich machte.

[13] Bobo, mein sexualtherapeuthischer Bereitschaftsdienst, Babsi, Rivalin von Bobo, siehe Kap. 3: „Mir ging es gut, aber schlecht war mir trotzdem."


(Aus: Kurt Drawert: *Ich hielt meinen Schatten für einen andern und grüßte.* Roman. Frankfurt: Suhrkamp, Herbst 2008)

KATHARINA BENDIXEN

## Der Whiskyflaschenbaum

Der Whiskyflaschenbaum ist dieses Jahr sehr gut gewachsen. Vor fünfundzwanzig Jahren haben wir ihn gepflanzt. Wir vergruben eine Whiskyflasche im harten Boden der Februarerde. Ich war noch ein Kind; die Mutter musste mir verbieten, die ausgegrabene Erde aufzuessen oder in meine Hosentaschen zu stopfen. Ich stopfte; niemand merkte, dass am Ende Erde fehlte. In meinem Zimmer legte ich mir damit ein Beet ohne Pflanzen an. Die Pflanzen wuchsen nicht. Der Baum im Garten aber begann, sehr gut zu wachsen. Er ist schneller gewachsen als erwartet, schon im Sommer konnten wir die erste Ernte einfahren. Der Vater ist der beste Ernter. Die Mutter erntet wenig, erntet nie. Und ich bin lange zu klein gewesen, um die Äste des Baumes zu erreichen. Heute bin ich groß genug, aber ich scheue. Lächerlich findet der Vater, wie ich scheue. Ich scheue vor dem Vater und dem Baum. Der Baum hat eine Krone aus gläsernen Zweigen, an deren Enden sich Deckel befinden. Schraubt man die Deckel ab, fließt der Whisky aus den gläsernen Hüllen. Braun und verdorrt ist das Gras um den Baum. Dort habe ich als Kind nie gespielt. Es stehen keine Sonnenstühle unter dem Baum. Es ist kein Baum, der Schatten spenden würde.

Mit den Jahren ist der Baum sehr gut gewachsen, Sommer und Winter konnten ihm niemals etwas anhaben. Es gab Zeiten, in denen der Baum besser wuchs, und es gab schlechtere Zeiten. Es gab Sommer, in denen ich den Baum nicht gießen durfte. Die Mutter sagte, ich solle den Baum nicht gießen. Gieß den Baum nicht, sagte die Mutter. Ich goss den Baum. Gieß den Baum nicht, sagte die Mutter zweimal, dreimal, sie sagte es zweimal, dreimal am Tag, jeden Tag, jede Stunde sagte sie es und schaute aus dem Fenster auf den Baum. Sie wusch die Gläser und die Teller und trug dabei die lilafarbene Kittelschürze, die der Vater verabscheute. Ich verabscheue deine Kittelschürze, sagte der Vater in diesen Zeiten häufig zu der Mutter. Ich goss den Baum, ich goss ihn zweimal, dreimal am Tag, jeden Tag, jede Stunde goss ich ihn. Ich düngte und pflegte den

Baum, ich goss ihn mit der grünen Gießkanne, mit der roten, mit allen Gießkannen goss ich ihn; ich goss und ich pinkelte gegen den Baum, weil das auch helfen sollte, hatte ich gehört; ich trank in der Küche, so viel ich konnte, und dann lief ich schnell nach draußen und sah nicht auf die gläsernen Zweige und pinkelte gegen den Baum. Aus meinem Zimmer trug ich die Erde, auf der die Pflanzen nicht wuchsen, zurück in den Garten und verteilte sie um den Baum, damit der Baum besser wuchs. Und der Baum wuchs, der Baum wuchs sehr gut.

Und niemals spielte ich unter dem Baum auf der verdorrten Wiese. Nur einmal rollte der Ball versehentlich unter den Baum. Er rollte und prallte ab vom gläsernen Stamm des Baumes und rollte ein Stück zurück und blieb liegen. Direkt unter den gläsernen Zweigen lag er, ein undichter Deckel ließ einen Tropfen auf ihn fallen. In diesem Moment rief die Mutter zum Abendessen. Der Ball lag blau auf der Wiese. Es war ein blauer Ball. Ich aß im Haus ein Brot mit Salami und lief zurück in den Garten. Der Baum hatte während des Essens den blauen Ball verschluckt. Durch das Glas schimmerte das blaue Plastik, der Baum verdaute zerfetzend den Ball. Die Mutter schenkte mir keinen neuen, weil ich den Baum gegossen hatte. Sie hatte gesagt, ich soll den Baum nicht gießen, gieß den Baum nicht, hatte sie gesagt, aber ich hatte gegossen. Der Vater schenkte mir keinen neuen. Es gab keinen neuen Ball.

Es waren fünf oder sechs Sommer, in denen ich den Baum nicht gießen durfte und ihn goss. Es waren lange Sommer; und auch lange Winter waren es, in denen ich den Baum nicht gießen durfte und ihn goss; und das Wasser gefror über der kargen Erde um den Baum; und ich lief mit dem Ranzen auf dem Rücken zur Schule und rutschte auf dem gefrorenen Wasser des Gehstiegs aus; und in der Schule dachte ich an den Baum, der wachsen musste; und die Farblehre im Zeichenunterricht verpasste ich wegen des Baums und der gefrorenen Erde; und ich verpasste sie auch, weil ich müde war vom Gießen. Der Baum musste wachsen. Und er wuchs gut, immer gut wuchs der Baum.

Es gab auch Zeiten, in denen ich den Baum gießen musste. Gieß den Baum, sagte die Mutter, und ich goss ihn. Gieß den Baum mehr, sagte die Mutter, und ich goss ihn mehr. Die Mutter stand in der rosafarbenen Kittelschürze im Garten und schickte mich Gießkanne um Gießkanne von der Regentonne zum Baum und zurück zur Regentonne; ich schleppte das Wasser in der grünen Gießkanne, in der roten Gießkanne, gleichzeitig in beiden Gießkannen schleppte ich das Wasser; gieß den Baum, rief die Mutter und lief aufgeregt auf der Wiese hin und her, und ich goss den Baum. Mit rosafarbenen Bewegungen dirigierte die Mutter das Gießen und schaute zum Vater, der im Sonnenstuhl unter dem schattigen Baum saß und blaue Plastikstücke ausspuckte. Im Schatten gefiel ihm die Kittelschürze der Mutter; deine Kittelschürze gefällt mir, sagte der Vater und spuckte ein blaues Dreieck aus. Ich sammelte die blauen Plastikstücke ein, die der Vater über die verdorrte Erde hinaus spuckte. In meinem Zimmer sammelte ich die Stücke in einem Pappkarton und formte mit den Jahren einen neuen Ball daraus. Bis zum Ende reichten sie nicht für einen ganzen Ball, die blauen Stücke; noch heute liegen sie dort und sind zu einer zerklüfteten Halbkugel geformt.

In den Taschen der Kittelschürze hatte die Mutter in den Zeiten, in denen ich den Baum gießen musste, Strohhalme und Korken mit Mustern; in diesen Zeiten schnitzte die Mutter nachts in der Küche und hatte ausgebeulte Kittelschürzentaschen. Sie schenkte dem Vater täglich neue Korken mit Mustern aus Spatzen und Gänseblümchen; und die Innenseiten der Strohhalme verzierte sie monatelang mit Ornamenten. Der Vater verkorkte und schlürfte durch Strohhalme, und die Mutter schrie, dass ich den Baum gießen sollte, und klebte sich Pflaster über kleine Schnitte, die sie sich nachts beim Schnitzen zugefügt hatte; und ich düngte und pflegte den Baum und schnitt ihm eine neue Krone, die schöner geformt war als die alte und die der Mutter gefiel. Und der Baum wuchs sehr gut, immer gut wuchs der Baum.

In diesem Jahr ist der Whiskyflaschenbaum besonders gut gewachsen. Längst ist er groß genug, aber noch immer gieße ich den Baum. Es ist ein Sommer, in dem die Mutter sagt, dass ich den Baum nicht gießen soll. Gieß den Baum nicht, sagt die Mutter, und ich gieße. Ich gieße, weil der Vater im Schatten unter dem Baum sitzt und fleht. Der Vater fleht und findet mich gleichzeitig lächerlich, weil ich scheue. Scheu doch nicht, sagt der Vater, oder bist du kein Mann, sagt der Vater. Damit der Vater mich nicht lächerlich findet, gieße ich den Baum. Ich gieße ihn mit der grünen und mit der roten Gießkanne, beide haben schon Löcher. Ich renne durch den Garten; von der Regentonne renne ich zum Baum mit den Gießkannen in den Händen, starke Muskeln habe ich, aber wenn die Gießkannen Löcher haben, helfen auch die Muskeln nichts; ich verliere die Hälfte des Wassers schon auf dem Weg, aber ich gieße. Der Vater findet es lächerlich, wie ich gieße. Aber ich gieße. Denn gleichzeitig fleht er. Ich dünge nicht mehr, aber ich gieße. Die Mutter steht in der beigefarbenen Kittelschürze in der Küche und wäscht die Gläser und Tassen und spült die Strohhalme aus. Der Schimmel zwischen den Ornamenten lässt sich nicht entfernen, es gibt keine so schmalen Abwaschbürsten. Ich verabscheue deine Kittelschürze, Mutter, rufe ich aus dem Garten in die Küche. Der Vater unter dem Baum kichert und schlürft durch schimmlige Strohhalme. Die Korken hat es mit den Jahren zersetzt, die Spatzen und Blumen sind abgebrochen; und dieses Jahr hat die Mutter noch keine neuen Korken schnitzt, denn es ist ein Sommer, in dem die Mutter sagt, dass ich den Baum nicht gießen soll. Ich verabscheue deine Kittelschürze, Mutter, schreie ich durch den Garten in das Haus hinein. Scheu doch nicht, kichert der Vater, während ich schreie, oder bist du kein Mann, kichert der Vater. Die Mutter in der Küche zerdrückt im Abwaschwasser ein Glas mit der bloßen Hand. Blutig schreibt sie gegen die Scheibe des Küchenfensters Worte, die ich von außen nicht lesen kann. Ich gehe in mein Zimmer zu den blauen Plastikstücken, die ein Ball waren. Blau und spiegelverkehrt lege ich Worte auf den Fußboden, die ich nicht lesen kann. Im Garten fleht der Vater, und ich weiß, auch wenn ich den Baum nicht gieße, wird er nicht verdorren. Trotzdem gieße ich rennend mit kaputten Kannen. Der Baum wächst sehr gut. Das einzige, was mit den Jahren immer mehr verdorrt, ist die Wiese um den Baum. Mit blauen Plastikstücken verdorrt die Wiese; da helfen Muskeln nichts und auch kein Gießen.

BIANCA DÖRING

## ShortClip

Vierundzwanzig Stunden hat der Tag, und heute mal mit blauem Mäntelchen, nach dieser grauen stickigen Gummiluft, durch die man sich biß, tagelang, wochenlang, den ganzen Januar lang, der wie immer kalt und schal dahinschlich, man sich durchkaute, durch diesen November Dezember Januar, als wär's für lebenslänglich, vierundzwanzig Stunden hat der Tag, die Stunden abhaken, erledigen, atmen, essen, schlafen, einkaufen, Kranke herumschieben, reden, lächeln, guten Tag, zweieurofuffzig kosten die, in Ordnung morgen um sechs, ja, okay, kommen Sie vorbei, wir besprechen das, ja, finden wir schon, ist nix Schlimmes, wie bitte? Eine Notiz machen, in den grauen Rido Septimus (der ist, wissen Sie, am praktischsten, die Wochentage alle auf einmal gleichzeitig ablesbar inklusive Uhrzeit und so, trotzdem, er paßt in jede Handtasche) (das ist wichtig) (das ist phänomenal) (daß etwas paßt meine ich), die Milch in den Kühlschrank, nur eine? nur eine gekauft? eine einzige? bin ich blöd? nochmal los? Gott es ist Wochenende. Am Wochenende sich unter der Bettdecke verbuddeln, geblümt, lila-blau, löchrig, schon seit über drei Wochen nicht gewechselt, durchgeschwitzt wegen nachts-immer-von-Raptoren (die aus *Jurassik-Park*)-verfolgt-werden-und-hochschrecken, Herzjagen: sie stehen vor meinem Fenster, Mann, die sind schon auf meinem Balkon! (der im Grunde ungeeignet für Monster, keine zwei Quadratmeter, ebensowenig: der Flur, das Bad, die Küchenzeile, das Ausziehbett – man sagt Schlafsofa –, wenn das Bett ausgezogen ist, darf sich niemand mehr bewegen, nur noch das Fernsehbild.) Also daß heute, an einem Samstag, an einem geblümten Bettdecken-Samstag, dieser ultramarinblaue, ultraviolettblaue, einfach optimistische Himmel so derartig, so... so...

Aber bitterböser kalter Wind immerhin bog die steifen Gräser vom Vorjahr in den Blumenkästen hin und her, das war, vom Bett aus, zu sehen, Jensi wendete sich ab, trank den dritten Becher süßen Tee aus, diese aromatisierte Sorte aus irgendeinem Teeladen in der

Innenstadt, wo sie gestern noch, spätnachmittags, mit Ed herumgehangen ist, lächelnd, die Hände kalt, ein Riesenzufall, Überraschung, seit drei Jahren nicht gesehen, immer noch die schönen Haare der Mensch, in Sarajevo eine Universität fotografiert, von unten, vom absoluten Mittelpunkt aus in die Sexagon-Kuppel der Bibliothek, für die Bewerbung bei der EU wegen des Wiederaufbaus, ein fantastisches Foto, ein Kristall könnte das sein, meinte eine Medizinstudentin, so ein Virus-Kristall, oder ein Vitamin, fantastisch, man kann mit Fotos Vermessungen anstellen ohne auch nur einmal das Objekt betreten zu müssen, hat Ed gesagt, und daß er Schifahrn war mit Gigi und daß es toll war und er seit zwanzig Jahren nicht mehr Schifahrn und dann drei Tage Schikurs und dann zweiter geworden bei dem Fortgeschrittenen-Slalom und die Füße waren immer blau und kaputt von den zu engen Schuhen, und mit Gigi geht's sonst aber nicht mehr, nein. Jensi hörte zu und gab sanfte Ratschläge, flog zwischen zwei „mhm!" immer wieder auf Gedanken-Schiern ins Aus, schwarze Gondel Nirgendwo, in dem sie wie eine Lache verschwamm, sich ausbreitete, wohl aus Müdigkeit, der ganze anstrengende Dienst, während ihr Körper aufmerksam nach vorn gebeugt, an dem schmalen Tisch über den Teeschalen mit dem kostenlosen Probiertee, und irgendein merkwürdiger Mensch mit einer merkwürdigen Metzger-Schürze um sie herumjonglierte. Als Ed nach zwei Stunden fort war, nachdem sie beide noch ständig die Königsstraße rauf und runter, und sie mit der *Straba* auf dem Nachhauseweg und die Tür der Bahn klemmte und beinahe eine Quetschung an der linken Hand und sie ging am Wasser entlang und plötzlich ein Weinen und so heftig daß sie nach Luft rang, diese kalte eisige Januar-Februar-Luft. Ed und sein Haar und Augen und war ein sehr zärtlicher Liebhaber gewesen, einer ihrer sechs oder sieben oder acht, zehn Jahre her, alles Liebhaber – diese ganze Sache: Liebe, die Liebe, die Liebe kann ich nicht, die hab ich vergessen seit, ich weiß nicht, wohl seit ich denken kann, kann ich die Liebe nicht.

Auch arbeiten so wie Ed kann ich nicht, so durchdringend, innig, und mich freuen so wie Ed kann ich nicht, so direkt, auch innig, nur mich durchbringen, irgendwie, nicht fragen, wie, ach Gott nicht fragen, so ein Irgendwie-Leben, das ist es, was einen ausmacht. Jensi, die sich selbst so nannte, weil es ihr Spitzname war, als sie achtjährig und ausnahmsweise großmäulig, frech, blitzgescheit, lebenslustig daherspazierte, tanzte, in der Luft dirigierte, in diesem dritten Schuljahr, nie mehr vorher oder nachher so wirklich das Leben als Wirklichkeit gefühlt, warum nur gerade da? Hatte es *Jensi Derringer* gegeben, eine Serie im Vorabendprogramm, die sie selber gar nicht anschauen durfte, aber die anderen durften, warum durften die denn, ein amerikanischer Westernheld mit Pistolen und Pferden und auf einmal hat es geheißen: die Anna, die ist wie der Jensi, Jensi Jensi Jensi. Solche Spuren sind Silberfädchen, bald wohl auch das nicht mehr; Schlieren im Wind, Fata Morganas, und das alltagsverwüstete Auge begreift sie nicht.

Jensi, die sich selbst so nannte, weil das letzte Fädchen sich sonst in Wüstenstaub, Schneestaub zu verwischen drohte und sie selbst zwischen die schmelzenden Eisschollen im *Küchengraben* sich hätte hinsinken lassen mögen, das war ja auch gar nicht der Nachhauseweg. Und sie blieb stehen unter einem Silberbaum, groß und silbern, ein Blinzeln der Zweige und Blätter, unter denen die Elstern krakeelten, und kamen auch Raben vorbei mit grauen Kehlen, als trügen sie vornehme Anzüge und so stolzierten sie auch, und wenn Jensi Glück hatte, bewegte sich der Baum und flüsterte irgendwas Holdes, was sonst, das man keinesfalls verraten durfte, allerhöchstens sich selbst, unter der Dusche, da auch laut, während der auf heißeste Stufe eingestellte Wasserstrahl den Bauch rot färbte. Danach frühmorgens oder abends bloß noch die Tasche zusammenraffen, Sonntagsdienst, Spätdienst, die Nacht sich um die Ohren schlagen mit Kuchen von *BäckerBecker* und diversen Büchern, möglichst verschiedenen, den Monitor, die Signallampen im Augenwinkel. Auch wenn man jedesmal, jedesmal, wenn die automatische Glastür sich auftut mit diesem terzähnlichen Knirschen, das man schon mitsingen kann, jedesmal sagt: Nein, jetzt nicht mehr. Endgültig. Over. Und ehe ichs vergesse: Es ist wirklich Schluß und aus. So. Die einjährige Aushilfskraft, Springerin, mit panischer Angst vor Arbeitsamt (wir heißen *Agentur für Arbeit*) und Pleite und schlimmer, chronisch Ebbe auf dem Konto, geht wieder Klinkenputzen, ich habs Ed nicht verraten können, er hätte mich bestimmt getröstet, aber was war andererseits denn tröstlich an einem HNO-Stations-Monitor, wenn man in einem Kristall sitzen könnte, in der totalen Mitte.

(Und man soll seine Träume nicht wegschmeißen, wissen Sie, das ist mehr Sünde als Geld und Armut zusammen.)

Also bin ich den Samstag, der mit dem blauen Umhang nein Himmelsauge, bin ich heute, bin ich raus, aus dem Geblümten, rein in dieses blaue scharfe Auge, riesig, gar nicht mal kalt, reines Kristallauge, die Gitarre wie vor hundert Jahren unter den Arm geklemmt, in die Fußgängerunterführung am Königstor, damals war's linker Schick oder was war es denn, jedenfalls keine Notwendigkeit, sich in den dunklen Gefrierschrank stellen und die Siebziger-Jahre-Songs spielen, die wieder absolut salonfähig, Viglietti, aber klar, altmodischer Protest, es heult und schreit jetzt bloß niemand mehr, auch wenn sie in Wahrheit alle heulen und schreien, bitterer als je, nachts, wenn die Raptoren kommen, aber das wird nicht verraten, das nicht mal sich selbst unter der Dusche frühmorgens. Zum Schluß die Arien von Bach, bei denen ältere Damen stehenbleiben und langsam und zittrig ihre Geldbörsen öffnen ohne einen anzuschauen und dann dieser Mensch am Ende der Reise. Am Ende des Tunnels, der geschlagene zwanzig Minuten zuhört und ganze zwanzig Euro in die Mütze schmeißt und Jensi ins Theater einlädt, märchenhaft, hundertprozent, Staatstheater, erste Reihe, ich kann mich nicht auf das gewiß ganz märchenhafte Stück konzentrieren, sitze betäubt und erstaunt in der Duftaura dieses fremden Mannes neben mir, sein bloßer, unverhohlener Körpergeruch, sowas schlägt Worte, Taten, Schönheit, Schlauheit in den Wind, bin ein Tier wie er und nichts wird uns mangeln, der Mann lädt mich noch zum Spanier ein, geschenkt, ich lade ihn nach Hause ein, kann gar nicht mehr atmen, wären es die Siebziger, sagt er, würde ich dich mitnehmen nach Sri Lanka, da hab ich ein Haus. Gehabt. Der Bürgerkrieg. Diese Tamilengeschichte. Die Inder. Weißt du. Er hat einen Kerzenstand, auf der Messe, sagt er, jetzt bei der Handwerksmesse, Kerzendrehen ist

Handwerk, alles stirbt aus, Häuser, Geld, Handwerk, Zeit, wo wollen wir jetzt alt werden? Hier nicht, sage ich. Im Frühling lade ich dich zum Karussellfahren ein, auf der Messe, sagt er. Wo man in einem Kristall sitzen kann, in der Mitte, total.

## Tina Ilse Gintrowski

### Blank

Wenn es warm ist, gehen wir barfuß. Wir nehmen uns in Acht, vor Scherben, Erbrochenem, Hundehaufen. Wir achten auf uns mit den Sohlen. Wir spüren dem Untergrund nach. Bevor wir uns vorwärts verlagern, tippen wir ihn an, wir testen ihn halbgewichtig aus, Schritt für Schritt, Fuß für Fuß, Zeh für Zeh. Wir greifen Oktaven auf dem besonnten Asphalt, wir spielen beidseitig. Das Feld um uns füllt sich mit einer erschlichenen Melodie.

Hin und wieder dehnen wir uns aus, spreizen und strecken uns, so weit wie möglich. Wir vermessen, wie viel Platz wir einnehmen. Hin und wieder krümmen wir uns zusammen, um zu sehen, wie wenig Platz ausreicht, im Notfall. Wir wärmen uns auf, wir üben. Wir haben keine Berechtigung dafür.

Unsere Hände gebrauchen wir für die Voraussicht. Wir strecken beide Arme weit vor und zur Seite und nach oben und nach unten, wir tasten. Wir wackeln mit den Fingern und begutachten den Widerstand der Luft. Manchmal sind unsere Hände ein Haus, manchmal Pistolen.

Irgendwann beginnen wir, die Arme kreisen zu lassen, abwechselnd. Wir werfen sie dicht an den Ohren vorbei und kraulen uns vorwärts. Mag sein, dass man uns mit Windmühlen verwechselt. Mag sein, dass wir Windmühlen sind, und Mehlstaub unsere Füße pudert. Dann hinterlassen wir Spuren und wissen nicht, ob es uns beglückt.

Der Rücken meldet das, was hinter uns ist. Ein Flammenmeer, ein Untergang vielleicht, oder ein Mann mit Hund. Falls Gefahr droht, beugt er uns, bis wir genug haben. Dann richtet er sich auf und wir werden mächtig, als Lattenzaun, als Mauer, Wand, oder als Hinkelstein vielleicht. Wenn die Gefahr vorüber ist, entspannt er, und wir setzen gerade unseren Weg fort. Außer er ist entzwei. Dann warten wir und geben Rätsel auf, um die Zeit zu vertreiben, denken Worte aus, oder wir erinnern uns, bis er heilt.

Gelegentlich bewegen wir uns auch rückwärts. Kann sein, wir stoßen dabei jemanden gegen den Kopf. Wir heben entschuldigend die Hand, wenn es unnötig, und schweigen, wenn es angebracht war.

Während wir gehen, halten wir die Augen geschlossen. Während wir stehen, linsen wir manchmal unter den Lidern hervor, wenn es sich nicht vermeiden lässt, weil eine Hand spontan ein Lid anhebt, oder wenn innen nichts zu sehen ist und wir uns langweilen, oder wenn es zu hell wird. Gut möglich, wir erblicken dann nichts und schließen sie gleich wieder.

Von Zeit zu Zeit erinnern wir uns daran, zu atmen. Wir öffnen den Mund, formen mit den Lippen ein großes O und saugen Luft in jeden Winkel unseres Körpers. Beim Ausatmen verkleinern wir das o, so dass ein hoher Ton lange aus uns pfeift. Vielleicht rülpsen wir zwischendurch und kichern und schämen uns nicht. Dann wieder halten wir die Luft an, bis unser Kopf beginnt, einer großen blauen Birne zu ähnlen. Wir vermeiden es, zu platzen. Wenn wir aus dem Takt geraten, lauschen wir auf die Melodie und passen unseren Atem ihrem Rhythmus an. Wir kommen voran.

Die Zunge dient uns dazu, kurzen Kontakt zur Nasenspitze herzustellen. Manchmal hängen wir sie auch gerade heraus, zum Trocknen, oder um unsere Meinung zu sagen. Manchmal lassen wir sie im Mund, bewegen sie hin und her und drücken sie gegen den Gaumen. Dann kann es passieren, dass wir Worte vertonen, die wir nicht ausgedacht haben. Möglicherweise reihen wir Wiewörter aneinander, versteifen uns auf Konjunktionen oder stoßen Satzzeichen aus, solange bis unser Weg ganz und gar punktiert ist.

Wenn wir uns berühren, bekommen wir Ausschlag, am linken Oberarm, und manchmal am Bauch, dort, wo der Nabel sitzt. Wenn andere uns berühren, fallen wir. Wir verlieren die Beherrschung, die Spannung, das Rückgrat. Wir sinken in uns zusammen und machen unser Gesicht bekannt mit dem Asphalt. Wenn wir andere berühren, fallen sie. Wir lachen dann, weinen, oder sind ungerührt und gehen weiter.

Mag sein, dass wir Rokko begegnen. Vielleicht fällt uns wieder ein, seinen Namen zu tätowieren. Vielleicht wagen wir uns vor, beißen ein Stück von seiner Maultasche ab, und schwimmen gleich weiter, so weit, bis wir ihn vergessen haben. Vielleicht wagt er sich vor und wir sagen Nicht, sagen es einmal. Wenn er sich verhört, entstehen Pistolen, und der Mehlstaub verfärbt sich rosa.

Mit der Zeit werden wir übermütig. Wir beginnen zu rennen und stolpern, mit dem rechten Fuß über den linken, oder über einen Ausruf, der aus unserem Mund kommt, oder über eine Hürde in unserer Erinnerung. Möglich, dass wir der Länge nach hinschlagen. Dann hoffen wir, dass ein Begrenzungspfeiler hilft, uns wieder aufzurichten. Möglich auch, dass uns im Lauf etwas verloren geht. Wir machen Halt, schleichen zurück und suchen. Wenn wir es finden, beginnen wir von neuem. Zeh für Zeh, Fuß für Fuß, Schritt für Schritt.

Es soll Gewitter geben, morgen. Wir werden achtsam sein. Wir werden barfuß gehen. Wir werden mit uns fertig werden. Wir werden vorwärts kommen.

## Aufs Korn

haben angst mag besser sein als haben tod und töter in der abendröte die mir das gesicht abschießt wenn ich dem aufschrei wieder nicht zuhören kann ein mann darf keine amme sein sonst sargen wir ihn besser ein im monat märz gewinnt ein wind beinah an lichtgeschwindigkeit wir halten uns zum fall bereit dass diese order einmal endet dass unser wagen zweimal wendet und endlich wieder vorwärts fährt wir wahren die bereits gewarnt sind vor dem wahrheitswert der uns die zungen viel zu lange schon mit pelz auslegt so dass sich seit jahrhunderten nichts mehr bewegt auf unsern wegen wessen schwester führt das schwert zum mund ein fisch bloß in den sand gezeichnet macht noch nicht gesund aber vielleicht ein weizenkreis der leise meinen füßen eine ausfahrt schneist

## Besetzt

der raum den ich am tisch besitze ist nicht leer er ist nur inwändig ein wenig kahl das könnte sein ferner ein wenig kühl jedoch nicht kalt obwohl ich sehe nicht auch kühle wo soll herrühren die naja die luft bewegt sich bläst vielleicht ein wagen auspuffwind gelegentlich von außen hier herein so dass unmerklich abkühlt dieser karge raum von innen sich mag sein ich weiß nicht bin bloß tischbesetzer und mitunter nachdenklich

## Meine Freundin ist Lügendetektorin

blauweiß im grünen hockt ein rock aus dem ein fuß rauslugt der lügt sagst du und führst dabei die linke hand zum mund weil wer die wahrheit kund tut macht die zehen rund ich schau auf deine füße und begrüße ihre ecken denn was sollte soviel wahrheit schon bezwecken

Ulrike Ulrich

Tumbleweed

Weil ich eigentlich gar nicht da sein sollte. Aber natürlich haben wir uns gefreut. Und deine Geschwister hättest du sehen sollen. Habe ich doch. Ich habe alles gesehen. Ich habe gesehen, geschrien, mit den Fäusten getrommelt. Da haben sie mich ausgesetzt. Zwischen die Löwenzähne. Ich war noch so klein, viel kleiner als alle anderen. Du wächst ja noch, haben sie gesagt. Du wächst ja noch über die Löwenzähne hinaus, über die Pusteblumen. Aber die Fallschirme sind mir um die Ohren geflogen, bei jedem Windstoß prasselten sie mir gegen die Stirn. Noch bevor sich die Fontanelle schloss, saß ich im tiefen Gras neben dem Springbrunnen und hatte keinen Namen. Ohne Namen saß ich im tiefen Gras und wehrte mich mit Händen und Füßen. Käfer krabbelten über meine Zehen. Ameisen trugen sich gegenseitig meinen Arm herauf. Was hat denn das Kind? Es ist so nervös. So nervös ist das Kind, wo es doch in der Idylle sitzt. Und die Gräser. Hörst du nicht? Die singen dem Kind. Ein Schlaflied. Gänseblümchen mein Engelchen, fall nicht vom Stängelchen. Alle Blüten geschlossen, im Osten schon dunkel, nur das Kind sitzt noch im tiefen Gras und trommelt sich eine Lichtung.
Wie sollen wir es rufen, wenn es keinen Namen hat? Ausgesetzt haben sie mich. Dem Wind und den Tropfen, die vom Springbrunnen herüberwehen. Du wächst ja noch, haben sie gesagt. Sie sind groß wie Zaunpfähle. Sie stehen nebeneinander und winken. Aber ich komme nicht. So lange nicht, bis sie das Kind beim Namen nennen. So lange bleibe ich hier draußen sitzen und trommle ein Erdbeben, dass keine Ameise und kein Pusteblumenfallschirm an seinem Platz bleibt. Und wenn es ein Mädchen wird. Dann können wir immer noch überlegen. Das Kind ist in der Wildnis aufgewachsen. Wir haben vom Balkon aus betrachtet, wie es erst den Gänseblümchen über den Kopf wuchs, dann den Löwenzähnen und schließlich konnte es über den Zaun schauen. Das Kind wächst wie Unkraut, riefen die Nachbarn vom Balkon, aber wir verbaten ihnen den Mund. Als es ausgewachsen war, löste es sich und trieb mit dem Wind davon.

## Totale Phase

Wir gehen den Mond unter der Brücke suchen. Viel haben wir noch nicht gemeinsam. Nur die Zukunft und eine Verabredung zum Mond. Du kannst mit ihm tanzen. Ich seh dir zu, an den Pfeiler gelehnt. Der Mond spiegelt sich in der Schneedecke, sage ich und du nimmst mir nicht übel, dass ich ohne Not lüge. Hinter meinem Rücken steigt der Mond in den Fluss. Ich kann dein Lied sehen.

Ich tanze so gern mit dir im Schnee, werde ich Wochen später sagen. Du wirst mir Lieder schenken, damit ich sie trage. Zwischen uns fallen flach die Kristalle. Du darfst mich vertonen, werde ich sagen, obwohl du so viel Entfernung brauchst und ich so viel Rot.

Wie lange noch, frage ich, als du mich in den Kreis holst. Wir haben noch nie eine Uhr gehabt. Nicht mal am Anfang. Wir raten. Wir laufen. Wir tanzen. Manchmal sind wir uns Mond. Der lacht hinter halb vorgehaltener Hand. Es ist so weit, sagst du, und wir tanzen den Kopf im Nacken. Bis wir unter der Brücke stehen. Über meinen Kopf hinweg siehst du, wie der Mond in Deckung geht, mein Rücken warm.

So werden wir oft stehen, der Größe nach. Ich werde sagen: genau hier. Wochen später wirst du die Schneeflocken aufs Sterben vorbereiten, bevor ich sie trinke. Wie kann es nicht dunkel werden.

Es ist eine gute Zeit zum Schmelzen. Ich denke an dich in Temperaturen. In Gegensätzen. Das Licht ist kalt, das Wasser warm. Monde später werden wir uns anvertrauen. Ich kann dein Lied sehen, wirst du sagen. Ich tanze dazu. Schön, wirst du sagen. Ich küsse dich auf die Augen. Schön, dass der Spiegel schmilzt.

**Morgen ist auch Tag**


Jeden Morgen mit den Lidern gen Osten. Den Laden weit offen. Auf die Verlegene warten. Dem Schein nach. Mit Rosenfingern weist sie den Weg. Ihrem Bruder leuchtendes Beispiel. Auffallend die Augen. Meine. Sobald sie erscheint. Ihre Liebe, sagen sie, ihre Liebe zu jungen Männern errötet den Himmel. Sie weiß es besser. Weint schamlos den Tau. Ist mir schon immer die Liebste gewesen. Von den Titanenkindern. Wie überhaupt alle Übergänge. Schon immer.
Um Aufenthalt ansuchen. Für die Übergänge. Die scheinbaren Orte. Die wechselnden Lichtverhältnisse. Wenn er graut, der Morgen. Dieses Grauen, in dem sich kein Schrecken findet, nur eine Vielzahl von Farben, auch Rot.
Dämmerungsphasen. Im Tageszeitentransit kein Zelt aufschlagen. Unbedacht auf die Gleichzeitigkeit hoffen. Letzte Sterne. Den Moment verpassen, der eine Gegend ist. Übergangsweise. Hellsichtig.

Oder auch aus dem Traum steigen. Übertreten wie Gas zu Fest.

Schon als Kind aus dem Stockbett gesprungen. In den Tag hinein. Und auch jetzt wie auf einen Perron. Wie aus dem Zug auf den Bahnsteig. Und der Tag immer schon da. Zum Abholen bereit. Hält kein Schild hoch. Wir kennen uns. Kein Aufhebens. Umarmungen oder Küsse. Nimmt mir die Koffer ab. Manchmal. Die von der Nacht. Schließ sie ein, sagt er. Zuvorkommend. Wie ich. Den Weckern und ihren Geweckten. Den Vögeln. Den Spuren auf nachtgefallenem Schnee. Vor der Türe stehen, bis eine sie aufschließt. Schon wieder die Erste.
Es nicht laut sagen. Kaum trauen, es laut zu sagen. Der Bettflucht verdächtig auf Gold herumkauen. Ihn aber loben wollen. Wieso bis zum Abend warten. Ihn loben, bevor es zu spät ist. Schon die Sirenen von anderer Leute Unglück. Glück vielleicht. Schon die ersten Geschäftigkeiten. Brechen herein.

Etwas anfangen können. Mit dem Morgen. Irgendetwas. Oder.

Schon immer dankbar gewesen. Fürs Aufwachen. Fürs nicht im Schlaf gestorben sein. Noch nie gewünscht im Schlaf zu sterben. Danke für diesen. So aufgewachsen. So eingesungen. Mit Frühtau zwischen den Wimpern ins Licht der Welt. Wo Herrgottsfrühe eine unchristliche Zeit. Wo kein Kind nach dem Hahn kräht. Die Engel verschlafen den Tod. In den Morgen hineingewachsen wie Mondscheinblumen. Den Kopf. Mit der Erde ins Licht gedreht. Das einfällt wie eine Erinnerung. Rötlich.

*Inspiriert durch Erika Kronabitters Projekt „Morgengesichter"*

EVA SCHELLER

## Echo und Narziß

Kicks hatte die E-Gitarre an den nackten Leib gepresst, während er über den Sand rannte, schrammte das Instrument gegen seine Rippen, er hielt die Gitarre im Arm, als halte er einen Kerl im Schwitzkasten, sein linker Unterarm scheuerte über die Saiten, es war verdammt unbequem, mit einer E-Gitarre über den Sand zu rennen, Kicks war froh, wenigstens die Badehose angezogen zu haben. Während er rannte und von dem flachen harten Gitarrenkerl im Schwitzkasten Hautabschürfungen und blaue Flecke davon trug, sang Kicks aus vollem Hals. Total Surrender. Total Surrender. Immer die gleiche Abfolge von Tönen. Total Surrender. Total Surrender. D-C-A-C-D. D-C-A-C-D. D-C-A-C-D. Total Surrender. Schließlich schmiss Kicks sich mitsamt der Gitarre ins Wasser, hart klatschte er auf, das Instrument ging sofort unter. Er hatte es losgelassen. Kicks schwamm mit offenen Augen unter der Wasseroberfläche, an allen möglichen Stellen brannte es ihn, auch in den Augen, er konnte kaum etwas sehen. Er tauchte auf und nahm einen Mund voll Meerwasser, das er gleich wieder ausspie. Total Surrender schrie er dem Wasser hinterher, während sein Speichel sich mit dem Ozean mischte. Dann schwamm Kicks auf dem Rücken. Gleichmäßig wie Windradflügel tauchten seine Arme ein und wieder auf. Seine Körperbewegungen waren so gleichmäßig wie nur irgendwas, Mr Kerb wäre zufrieden gewesen. Kicks grinste den Himmel an und sang weiter D-C-A-C-D, bis eine Welle sich über ihm brach und er hustend, schnaubend und fluchend umkehrte und nur noch stumm wiederholte, Total Surrender, Total Surrender, und sich vorstellte, wie die Töne dazu klangen.

You wouldn't want to get wet feet. Zuerst dachte Karl den Satz. Dann dachte er ihn noch einmal. Dann sprach er ihn aus. You wouldn't want to get wet feet. Es war ein einfacher Satz. Kein ti äetsch. Fast kriegte er die Betonung perfekt hin. You wouldn't want to get wet feet. Er könnte immer einen Regenschirm bei sich tragen. Und wenn es dann regnete, und wenn er dann sie sähe, könnte er sagen, you wouldn't want to get wet feet.

Sie haben nichts, was mich bewegen würde, freundlich zu sein, antwortete sie auf die Frage, warum sie sich aufführe wie eine Pissnelke. Dabei war sie weder freundlich noch unfreundlich und auch vorher war ihre Stimme nur gleichgültig gewesen. Warum, zum Teufel, sollte sie lächeln, wenn es doch reichte, sich in gleichförmiger Weise weder zu der einen noch zu der anderen Seite hin zu betragen. Mit einem Lappen fegte sie die Krümel vom Tisch. Es gelang ihr, sogar in diese Geste eine gewisse Gleichgültigkeit hineinzulegen. Als geschehe es ohne jegliche Absicht, dass sie mit einem feuchten Lappen, den sie vorher hinter der Theke geholt hatte, die Tischplatte abwischte, als hätte sie genauso gut ein paar Fliegen hinterher wedeln oder ein Fahrrad putzen oder einfach an irgendeinem Fleck verharren können. Es war nicht, dass sie etwa unsorgfältig gewesen wäre oder zu oberflächlich in ihrem Tun, was einen wütend werden ließ, wenn man sie beobachtete. Es war einfach ihre Gleichgültigkeit.

Kaum einer hätte Stevens Leben als geordnet bezeichnet. Er hatte nicht einmal einen festen Wohnsitz. Was er besaß, passte in einen Koffer und mit dem zog er von einer Schlafcouch zur nächsten, bis er die paar Freunde und Bekannte durch hatte und mit der Runde wieder von vorne begann. In dem Koffer befanden sich vor allem zwei Anzüge, die er abwechselnd trug, wenn er arbeitete. Das allein schon zeigte Stevens Sinn für Ordnung, er nahm nur Jobs an, in denen er Anzug und Krawatte tragen musste. Auch wenn das keiner glaubte, hatte Steven einen geradezu fanatischen Sinn für Ordnung. Steven war Quartalsfixer. Alle paar Monate hauste er in einer Hütte am Strand und spritze sich mit Heroin voll. Bevor er zur Hütte aufbrach, hatte er genau festgelegt, wie lange es diesmal dauern und wieviel Heroin er verbrauchen würde. In der Hütte angekommen, hängte er seine Armbanduhr mit Datumsanzeige an die Wand und daneben einen Zettel mit Tag und Stunde der letzten Spritze. Und er hörte auf nach dieser letzten Spritze. Egal, wie tief er im Drogenrausch war, er hörte auf. Danach kotzte er ein paar Tage und schrie, weil ihm der körperliche Entzug solche Schmerzen bereitete. Dann war er wieder clean. Er nahm ein Bad im Meer und bildete sich ein zu spüren, wie im Salzwasser seine stichwunden Arme zu heilen begannen.

Jetzt war eine Zeit, da die Spuren seiner letzten Fixerei zu kleinen hellen Narben verblassten.

Mr Kerb joggte über den Schulhof. Dabei hielt er seine Trillerpfeife fest, damit sie nicht gegen seine Brust schlage. Dass er die Trillerpfeife festhielt und nicht wie wild auf ihr herumpfiff, was er sonst bei jedem kleinen Regelverstoß tat, war ein gutes Zeichen. Trotzdem war es ein ziemlich dummes Wunder, dass er Steven überhaupt erkannt hatte. Steven im Anzug und von der gegenüberliegenden Seite des Schulhofs, der in der großen Pause nicht gerade leer war! Ein bisschen fürchtete Kicks, ihm könne etwas passieren. Andererseits war er der beste Rückenschwimmer der Schule. Hinauswerfen würde man ihn nicht so schnell. Und außerdem, was war schon dabei, mit Steven Carlyle zu sprechen, nachdem der im Schulhof schnurstracks Kicks herausgepickt hatte. Wiederum andererseits hatte man Steven vor ein paar Jahren der Schule verwiesen und nach einer Gerichtsentscheidung durfte er sich nicht auf hundert Meter dem Schulgebäude nähern. Und jetzt stand Steven also da, wo er nicht sein durfte und Kicks stand daneben und Mr Kerb war bei den beiden angelangt.

Carlyle, sagte Mr Kerb.

Schon gut, sagte Steven, schon gut.

Und ging.

Er hatte Kicks fragen wollen, warum dessen Gitarre im Meer lag. Wie ein seltsamer roter Plattfisch mit einem langen dunklen Schwanz hatte sie einfach im Wasser gelegen; auf der Rückseite trug das Instrument eine kleine Messingplatte mit Kicks' Namen.

Was wollte er, fragte Mr Kerb.

Keine Ahnung, Kicks zuckte mit den Schultern, wir haben über diesen komischen Jungen gesprochen. Na, Sie wissen schon, dieses Halbgesicht mit der Behinderung oder so was, jedenfalls trägt der immer ein Pflaster im Gesicht.

Und?

Nichts und.

Kicks' Fußspitze scheuerte über die Steinplatten.

Steven meint, eine Nadel sei schuld daran.

Mr Kerb zog die Augenbrauen hoch.

Mit der hätten sie ihn gestochen, als er noch ein Embryo war. Und jetzt hat er deshalb ein Loch im Gesicht.

Kicks hoffte, seine Schwester am Strand zu treffen. Im Café hatte man ihm gesagt, sie habe ihre Schicht schon beendet. Da war es wahrscheinlich, dass sie rannte.

Sie rannte auf Kicks zu. Sie hatte den sehnigen Körper einer Langstreckenläuferin und war dunkelbraun gebrannt in den vielen Tagen, die sie am Strand rannte. Sie trug einen schäbigen alten Badeanzug, ihre Haut war etwas zu trocken. Nichts davon fiel Kicks auf. Seine Schwester war der phänomenalste und großartigste Mensch, den er jemals kennen würde.

Kicks ließ sich in den Sand fallen. Als sie ihn erreicht hatte, setzte sie sich neben ihn. Nach einer Weile des Schweigens fragte Kicks, und er brauchte mehrere Anläufe, bis er es zu einem einigermaßen vollständigen und verständlichen Satz brachte, ob sie an Opfer glaube.

Wozu das gut sein solle, fragte sie zurück.

Ihm sei plötzlich der Gedanke gekommen, wenn er einen großen, unbedingten Wunsch habe und ihm früher schon ein unbedingter, großer Wunsch erfüllt worden sei, dass dann sein Herz möglicherweise nicht genügend Raum biete für den zweiten Wunsch, weil es so erfüllt sei von der Erfüllung. Deshalb also sei ihm der Gedanke gekommen, das Glück der Verwirklichung des alten für den neuen Wunsch zu opfern, damit das Schicksal, weil er das Wichtigste aufgegeben hatte, ihm gewogen gestimmt würde durch das Opfer und ein Einsehen mit ihm habe.

Kicks hatte sich zunehmend in Fahrt geredet. Die Sätze perlten nur so aus ihm heraus.

Sie sah ihn an, als hätte sie Kopfschmerzen.

Kicks fuhr fort, dass er seine Gitarre hergegeben habe, dass er dieses gigantische Opfer gebracht hatte, nachdem er ein allerletztes Lied komponiert habe auf der Gitarre, sei es ihm fast leicht gefallen, sich von ihr zu trennen, es sei ein Lied mit einem schwierigen Basssolo und einem dreistimmigen Leadgesang und alles sei unterlegt vom selben monotonen Refrain, Kicks sang: Total Surrender. Total Surrender.

D-C-A-C-D, sagte sie.

Weil Kicks kein absolutes Gehör hatte und sich der Tonfolge nicht mehr sicher erinnerte, bewegte er seine Finger auf dem Hals einer imaginären Gitarre.

Ja, sagte er dann, D-C-A-C-D.

Ein musikalisches Palindrom, sagte sie.

Kicks schaute verwirrt.

Ein Palindrom kann man von hinten lesen wie von vorn, erklärte sie mit dieser ewig gleichgültigen Stimme.

D-C-A-C-D!

Kicks war begeistert.

Und weißt du was! Man kann eine Brücke daraus bauen!

Kicks malte in den Sand

```
        A
     C     C
   D         D
```

Ein gleichschenkeliges Dreieck mit „A" als Spitze – das ist nicht nur eine Brücke, das ist ein Pfeil, der zu einer Antwort hinführt!

Kicks zeichnete noch ein paar von diesen gleichschenkeligen Dreiecken in den Sand, während er ununterbrochen Total Surrender sang.

Als er sich beruhigt hatte, fragte sie:

Was wünschst du dir?

Kicks antwortete nicht.

Er wollte seiner Schwester nicht sagen, dass er sich nichts so sehr wünschte, wie endlich seinen Schwanz unterzubringen in etwas, was er sich als gigantisch unvorstellbar vorstellte, im Inneren einer Frau. Er wollte diese Frau ja auch lieben, er war ja bereit, schon von einem Lächeln sich in Liebe entfachen zu lassen, er war ja bereit, so eine Frau anzubeten, sich vollkommen hinzugeben, sich zu unterwerfen, zu all dem wäre er ja bereit, wenn sie ihn nur umschlänge mit zwei Armen und zwei Schenkeln und ihn aufnehmen würde in ihrer Mitte, bis ans Ende der Zeit ihn immer wieder aufnehmen würde in ihrer Mitte, und das mehrmals jeden Tag.

Und weil Kicks schwieg, fragte sie ihn endlich, was er täte, wenn sein Wunsch sich nicht erfüllte.

In diesem Moment fühlte Kicks sein Glied geradezu verdorren in lebenslanger Jungfernschaft. In heftigem Erschrecken stieß er hervor: Dann bringe ich mich um.

Sie schlug ihn mit aller Gewalt, deren sie fähig war, ins Gesicht.

Kicks spürte einen dumpfen Schmerz und im nächsten Moment schon ein Brennen und gleich darauf schmeckte er Blut in seinem Mund. Mit dem Handrücken wischte er über seine Nase und während er auf den blutigen Handrücken starrte, voller Verwunderung, dass dort sein eigenes Blut im Trocknen sich schon verdunkelte und neue, helle Tropfen hinzu kamen, die zwischen seine Finger rannen wie in Tälern das Wasser sich einen Weg sucht zwischen dem Gestein, während Kicks all dies sah und verstand und es gleichzeitig nicht fassen konnte, fragte er sie:

Warum hast du das getan.

Weil ich dich über den Tod hinaus verfolgen werde, sagte sie mit der Gleichgültigkeit, die er so gut kannte, dass ihn die Gleichgültigkeit anderer Menschen stets an seine Schwester erinnerte und er über diese Menschen mit Wärme sagte, sie erinnerten ihn an seine Schwester und immer verwirrt war, wenn ihm bedeutet wurde, dieser oder jener sei aber doch so entschieden gleichgültig und deshalb irgendwie oberflächlich und kalt, weil seine Schwester nichts von dem war.

Diese Schwester jedenfalls wollte ihn über den Tod hinaus verfolgen, wenn er sich selbst ein Haar krümmte.

Wenn es sein muss, treibe ich meiner eigenen Voodoo Puppe die Nadel ins Herz, sagte sie mit Gleichgültigkeit.

Wenn es sein muss, werde ich dich durch Hexerei zu fassen kriegen.

Kicks nickte. Seine Nase hatte aufgehört zu bluten. Er grinste schief mit seiner geschwollenen Lippe.

Steven traf sie beim Pool. Es wäre ihm lieber gewesen, ihr nie vorher begegnet zu sein, dann hätte er sie vielleicht gerne kennengelernt.

Er hätte sie sicher gerne kennengelernt, wie sie da stand in ihrem schäbigen Badeanzug, die Haut etwas zu braun, etwas zu trocken, der Körper etwas zu sehnig.

Aber er konnte sie nicht mehr kennenlernen wollen und wegsehen konnte er auch nicht, denn sie kam auf ihn zu.

Als sie vor ihm stand, streiften ihre Augen seine Arme. Er wusste, dass sie die kleinen blassen Narbenpunkte erkannte. Er fühlte, wie die Hitze in seinen Kopf stieg.

Es war die Hitze, die ihn verwirrte, es war der Teufel, der ihn ritt, und so fragte er sie, ob sie den Zuckerhut kenne, diesen schmalen hohen Stein, der wie ein Stalagmit nadelgleich aus dem Wasser ragte, nahe genug am Ufer, dass man dort, wo Felsen den ansonsten flachen Strand erhöhten, von der Küste hinabstürzen und auf dem Zuckerhut sich aufspießen könne.

Und weil sie während eines ihrer langen Läufe an der Hütte vorbeigekommen war, ihn gehört hatte wie er schrie, ihn gesehen hatte mit seinen wunden Armen, Zeugin gewesen war, wie er auf seine eigenen Füße kotzte – nur etwas Magensaft hatte der Körper sich im Krampf entwunden, weil Steven ihm seit Tagen die Nahrung verweigerte –, und weil er sie hatte wegschicken müssen mit ihrer Hilfe und weil er trotz seines elenden Zustands sehr wohl spürte, wie unaufdringlich, ja geradezu nüchtern dieses Hilfsangebot war, dass ihm für einen Augenblick schien, sie begriffe alles, sie wisse um die

Uhr mit der Datumsanzeige und den Zettel an der Wand, sie kenne jede Schlafcouch und den einzigen Koffer, weil er ihr also in dieser Weise zum ersten Mal begegnet und sie seitdem oft an der Hütte vorbeigelaufen war, fragte er sie, ob sie glaube, wenn man sich rückwärts auf die Spitze des Zuckerhuts fallen ließe, ob man dann vor dem Eintritt des Todes die eigenen Knochen zersplittern hörte.

Sie stand vor ihm und blickte ihn an, als wisse sie die Antwort. Aber sie sagte nichts.

Und ging.

Steven kniete am Rand des Beckens, sein Gesicht hatte er hinunter gebeugt, er sah seine verzerrte Reflexion, die undeutlich war bis zur Unkenntlichkeit, eine leichte Brise kräuselte die Wasseroberfläche, und weil er sein eigenes Gesicht nicht erkennen konnte, sah er an dessen Stelle ihr Gesicht, dieses so unendlich traurige Gesicht, und er beugte sich noch tiefer, dieses Gesicht zu küssen, und er tauchte ein und zerteilte den Spiegel.

Manchmal hielt man ihn für einen Skandinavier oder Deutschen, weil sein Akzent so hart war. Das geschah aber nur, wenn er einen Satz lange genug eingeübt hatte und ihn einigermaßen problemlos aus dem Mund heraus brachte. Ansonsten hielt man ihn für einen Idioten.

Mit Karls Hirn war allerdings alles in bester Ordnung. Nur fehlte ihm seitlich ein Stück Zunge und dann war da dieses Loch in seiner Wange. Und beim Versuch, nach seiner Geburt den Defekt operativ zu beheben, hatte man ihm gleich noch ein paar Gesichtsmuskeln und Nerven ruiniert und so hing ein Triefauge über dem Teil seiner linken Gesichtshälfte, den man trotz des Pflasters sehen konnte. In Karls Gesicht paarte sich ein ärztlicher Kunstfehler mit dem verwirklichten Risiko einer Amnioskopie. Dabei waren seine Eltern weder alt noch erblich vorbelastet gewesen. Sie wollten nur das perfekte männliche Kind. Und er war dabei herausgekommen. Und nicht nur das, der Kunstfehlerprozess hatte seine Eltern ruiniert, auf unabsehbare Zeit ruiniert, ihr Geld hatte er aufgezehrt und ihren Glauben an die Machbarkeit aller Ziele. Das einzige, was blieb, war sein Name, Karl, der Große, der Eroberer, der Reichsgründer, das hatten sie sich für ihn ausgedacht angesichts ihrer deutschen Vorfahren.

Karl aber kämpfte sich nicht durch Landstriche, er kämpfte sich durch Satzwüsten, er verkürzte und verkleinerte die Wege, um von A nach B zu kommen, er schnitt einfache Konstruktionen aus seinen Gedanken, damit man ihn nicht für einen Idioten hielte. Unter seinem Pflaster lebte eine Öffnung ähnlich einem Mund, ein ums andere Mal hatte man versucht, es zuzunähen, doch hatte das Loch sich nie vollständig schließen wollen, das letzte Mal hatte sich ein hochkarätiger Professor daran versucht, sie hatten angefangen, ihn kostenlos zu operieren, weil er ein medizinisches Phänomen war

Und er blieb ein medizinisches Phänomen, das Loch, das die Nadel bei der Fruchtwasseruntersuchung in den Embryo hinein gebohrt hatte, führte ein eigenes Leben, es unterlag einem Zyklus, der keine zeitliche Regel erkennen ließ, der darin bestand, dass die Wunde manchmal austrocknete, abheilte und sich fast schloss, um dann wieder aufzubrechen, zu eitern, zu nässen, mit einem entzündlichen Rand sich zu umgeben von der Farbe eines Lippenrots.

Sie stand am Strand und blickte zum Zuckerhut. Oben auf der Steilküste sah sie eine Gestalt, die sie nicht erkennen konnte. Es war Flut, das hereinkommende Wasser warf sich mit verstärkter Kraft gegen jedes Hindernis, schickte seine Gischt gegen die Spitze des Zuckerhuts, und weil der Zuckerhut ganz oben unerreichbar blieb, rollte das Wasser mit ärgerlicher Macht den Felsen der Küste entgegen, schlug tosend dort auf und die Brandung hallte bis zu der Stelle, wo sie immer noch am flachen Ufer stand, und wo ihre Füße jetzt vom Wasser umspült wurden.

Sie sah zum Zuckerhut und sie wusste, wenn man dort aufschlug mit dem Rücken, würde man noch hören, wie die eigenen Knochen zersplitterten, man würde diesen Ton wahrnehmen, als käme er aus relativer Ferne, so, wie das Geräusch der Brandung aus relativer Ferne zu ihr kam, und man würde sich wundern über diesen Ton, weil er unbekannt war, und trotzdem würde man wissen, dass etwas Lebendiges zersplitterte mit diesem Ton, dass man Zeuge wurde eines bisher unerhörten Vorgangs. Und man würde einen Schmerz wahrnehmen, doch auch diesen Schmerz würde man wahrnehmen in relativer Ferne. Und dies alles würde eine lange Zeit dauern und wäre im kürzesten Moment vorbei.

Kicks hatte angefangen, Steven zu suchen. Ohne zu wissen, wo er mit der Suche hätte beginnen sollen, war er herum gelaufen, schließlich zum Strand gegangen, zur Steilküste gelangt und da stand er nun und schaute auf den Zuckerhut, der von der Gischt hereinkommender Wogen umspült wurde. Am Morgen, im Chemieunterricht, war Kicks ein Reagenzglas aus der Hand gefallen. Am Boden war es zerborsten in unzählige dünne kleine Stücke, in alle Richtungen spritzte das Glas, Kicks hatte noch den Klang im Ohr, wie es zerbrach und wie beim Auffegen die Sohle seines Schuhs ein paar Splitter zu Glasstaub zermalmte. Und da hatte er sich umgeblickt im Chemielabor und sich gefragt beim Anblick der Glaskolben, der Glaszylinder, der Glasplatten, der Petrischalen, der Kulturenträger, des Giftschrankes, der Bunsenbrenner, wie es wohl klänge, wenn man das alles zerschlüge, wenn man mit einem Baseballschläger das Chemielabor in seine Einzelteile zerlegte. Kicks stellte sich das durchaus nicht kakophon vor, er glaubte an eine Harmonie, an einen Rhythmus und eine geordnete Klangfolge, nicht symphonisch gewaltig, eher minimalistisch, eher in Betracht ziehend jedes Stück für sich allein, er dachte an Steve Reich zum Beispiel. Und da fiel ihm natürlich Steven ein, der das Chemielabor zerlegt hatte vor ein paar Jahren und dann von der Schule geflogen war. Kicks hatte einen Drang in sich, es Steven nachzutun, diese Töne herzustellen, die sich aus der Zerstörung schufen, er wollte nicht nur seine Idee einer gewissen Schönheit des Untergangs komponieren, er wollte es selbst tun, er selbst wollte etwas zerschlagen, etwas kurz und klein hauen, er wollte diese Energie hausen lassen wie einen Orkan, er wollte brüllen und toben und nicht mehr nur geordnete Bahnen im Schwimmbad ziehen, bis er vor Erschöpfung torkelte, wenn er aus dem Wasser stieg. Vor allem aber wollte er Sex haben. Und von Steven wollte er eigentlich wissen, wie das sich anfühlte.

Sie wusste die Antwort auf Stevens Frage, weil sie die Antwort wusste auf jede erdenkliche Frage, die sich durch Wahrnehmung oder Deduktion erschloss, weil absolut nichts ihrem Verstand verborgen blieb. Sie hatte drei Universitätsabschlüsse und ebenso viele Doktorentitel und war erst einundzwanzig Jahre alt. Eine normale Schule hatte sie nicht besucht, Steven und sie wären in der gleichen Klasse gewesen. Aber sie hatte nie eine normale Schule besucht, sie führte mit sich wie an einer schmalen Hundeleine Deep Blue, einen gigantischen Rechner, der in der Sekunde tausende von Alternativen durchrechnet, mit dieser Gigantomanie die menschliche Unwägbarkeit überrechnet und ein so geniales Schachhirn wie Kasparov besiegen kann.

Ihr Deep Blue allerdings war eine Spur monströser, er hatte die Kapazität einschließlich der menschlichen Unwägbarkeit und beides in phänomenaler Geschwindigkeit. Ihr Gehirn erledigte nicht unbemerkt sein Programm, es kannte keine Trennung in zwei Hälften, es bot in jedem Augenblick Zugriff auf sämtliche Informationen, die es jemals gespeichert hatte, ständig standen alle seine Archivschubladen unverschlüsselt offen, für sie war es kein Problem, sich zu erinnern, sie erinnerte sich an die Stunde ihrer Geburt, sie erinnerte sich, sie erinnerte sich, sie wusste, sie wusste, in einem unaufhörlichen Hochgeschwindigkeitsrausch jonglierte ihr Gehirn mit Daten, zu jedem Gegenstand hielt es eine Enzyklopädie an Informationen vor, es war ihm egal, ob sie davon wissen wollte. Es gibt nichts Schlimmeres, als das Leben in jeder Sekunde auf Molekularstrukturebene zu begreifen. Ihre monströse Ungewöhnlichkeit wuchs und wuchs wie ein Geschwür, dorthin und hierhin wurde sie gereicht, Tests, Tests, Tests, sie war ein Teenager und hatte sich schon bis zum Urknall gedacht und wieder zurück, zuerst war sie ein Zirkuspferd gewesen im goldenen Geschirr und im tobenden Beifall der Manege, aber dann dachte sie, sie würde zum Monster, sie wäre der buckelige Idiot, der einen Turm bewachte, der einer Aufgabe diente, die ihn vernichtete, sie wollte ein Leben, das ihr eine handvoll Sand als sonnengewärmtes Rinnsal schenkte, das mit weichem Kitzeln zwischen den Fingern ihrer geschlossenen Hand entkam. Sie versuchte sich in verschiedenen Jobs, der bislang beste war der einer Kellnerin, Getränke und Essen konnte sie einfach riechen und es blieb beim Geruch. Sie ließ ihr Gehirn hungern, sie gab ihm wenig Reize, sie übte sich im Versuch, Handlungen und Wahrnehmungen auf das Notwendigste zu beschränken und nicht herumzuschweifen damit. Low Space Conduct nannte sie das, Buddhisten nennen das Arbeitsmeditation, Andere fanden, sie sei ein gleichgültiger, oberflächlicher und kalter Mensch. Sie entdeckte das Rennen, und sie entdeckte noch etwas, das ihren Deep Blue auf Handtaschengröße zusammenfaltete. Steven.

Als sie dem Jungen mit dem entstellten Gesicht begegnete, fragte sie, ohne ihre Gleichgültigkeit zu verlieren:

Wie ist das Wasser?

Er blickte sie an und sagte:

You wouldn't want to get wet feet.

Sein Akzent war hart, wie der eines Deutschen oder eines Skandinaviers, aber er hatte deutlich gesprochen.

Sie kam auf ihn zu.

Er trug keinen Regenschirm bei sich, es regnete nicht, und wenn er ihr mit einem Regenschirm im Regen begegnet wäre, er hätte nicht gewusst, ob sie es sei. Sie sah nicht danach aus, sehnig, spröde, ein bisschen schäbig, seine Vorstellung war eine andere gewesen, aber jetzt war sie es, die auf ihn zukam, und ihn anfasste, als täte er es selbst, er musste nur dafür sorgen, dass er nicht fiel; und dann nahm sie ihn in den Mund, wie er sich gewünscht hatte, das selbst tun zu können; und dann entfuhr ihm ein unkontrollierter Schrei, er machte etwas mit dem Loch in seiner Wange, dieser Schrei. Es war Karl egal, was dieser Schrei aus ihm werden ließ.

Es sah nach Regen aus. Steven ging mit einer Entschlossenheit, die jegliche Ordnung vermissen ließ. Er trug Anzug, Krawatte und Lederschuhe und ging schnurstracks am Strand entlang, hinein in die Senken, die die Flut mit Wasser gefüllt hatte und wieder heraus. Seetang hing an seinem rechten Hosenbein, er kümmerte sich nicht darum. Er hatte ein Ziel, er wusste, dass er ein Ziel hatte, auch wenn er dieses Ziel nicht kannte, musste er schnell ankommen. Er trat auf eine Qualle, die gallertartige Masse ließ seinen Schritt für einen Moment federn. Sein Getriebensein hatte für ihn etwas Unbehagliches, wie er den Strand so zielstrebig entlang lief, wie er seinen Anzug ruinierte, wie ihm der Ruin seines Anzugs Vergnügen bereitete, wie ihm der Gedanke an seinen eigenen Ruin Vergnügen bereitete.

Sie schwamm. Sie schwamm nicht gerne und schon gar nicht gerne im Meer, aber vor einem Moment hatte sie einfach Lust gehabt, die größere Leichtigkeit ihres Körpers im Wasser zu spüren. Sie ließ sich auf dem Rücken treiben und schaute nach oben. Es sah nach Regen aus. Sie hatte es wieder einmal ausprobieren wollen und dieser Junge mit dem halben Gesicht, das übrigens unendlich schön war in seiner gesunden Hälfte, dieser Junge mit dem halben Gesicht gefiel ihr; deshalb dachte sie jetzt darüber nach, dass der Geschmack von Sperma seltsam war, nicht seltsam im Sinne von unangenehm, jedenfalls hatte sie grundsätzlich lieber diesen Geschmack im Mund, als im Meer zu schwimmen, auch wenn sie jetzt beides genoss. Weil sie nachdachte, ließ Deep Blue alle möglichen Daten auf sie los, Zusammensetzung der Spermaträgerflüssigkeit, Wirkstoffe eines Spermazids, Verschmelzung von Samen- und Eizelle, Geschwindigkeit der Zellteilung, periodische Sternschnuppenschwärme, Bevölkerungsexplosion, Literaturnobelpreisträger der letzten achtzig Jahre, Hawkings Zeitbegriff, schwarze Löcher, Quantensprung, Rotverschiebungen, schiefer Turm von Pisa, und jetzt hatte es tatsächlich angefangen zu regnen. Sie schwamm zurück, stieg aus dem Wasser, ihr schwindelte, sie fröstelte und aus irgendeinem Grund rannte sie in die falsche Richtung, während die Wolken sich weiter verfinsterten.

Steven war bei der Hütte angelangt. Sein Haar war nass vom Regen, seine Anzugjacke auch, überhaupt gab es kein trockenes Kleidungsstück an seinem Körper, in der Hütte aber roch es nach heißen, trockenen Sommertagen. Als erstes nahm Steven seine Krawatte ab, für einen Moment schloss er die Augen und sah in seiner Erinnerung, wie Staubpartikel im Licht flirrten, das in Streifen durch die hölzernen Läden fiel. Es waren der Geruch und die Erinnerung, die Steven an Feuer denken ließen, während er sich bis auf die Unterhose auszog. Er hatte nicht gedacht, dass es so einfach wäre Feuer zu legen. Die Flammen fraßen sich durch den Papierhaufen, den er zusammen getragen hatte, sie leckten am geflochtenen Sitz des Stuhls, den er über den Papierhaufen gelegt hatte, das Geflecht verfärbte sich schwarz, schon sprangen die ersten Schnüre, dann führte das Feuer Schnitte aus mit schnell verlöschenden, gleißenden Klingen, schließlich waren genügend Kerben geschnitten, der Sitz brannte lichterloh, die Stuhlbeine brannten als nächstes, die Flammen kannten kein Halten mehr. Stevens Polyesterkrawatte verschmolz zum stinkenden Verwandten eines Lindwurms, die Hitze trieb fette Rußflocken hoch, sie legten sich um Stevens Schultern als suchten sie die Nähe zu dem Platz, den sie so gut kannten aus anderen Tagen, später wurde Steven von Funken getroffen, die Haar und Haut seiner Unterarme versengten, der Gestank und die zunehmende Gewalt des Feuers trieben ihn nach draußen, bald folgten ihm die ersten Flammen nach durch das Dach und ließen sich anfächeln von der Brise, die sie vorfanden außerhalb der Hütte. Es hatte aufgehört zu regnen.

Stevens Hände waren schwarz. Als wäre er ein Indianer auf Kriegspfad setzte er sich Zeichen ins Gesicht mit diesem Schwarz, doch er fühlte sich ganz und gar nicht nach einem kriegerischen Geheul. Er fühlte sich befriedet. Er hatte schwarze Friedenszeichen in sein Gesicht gesetzt und die Brandblasen auf seinen Unterarmen waren ihm ebensolche Friedenszeichen. Mit dem Rücken zur Hütte hockte er sich in den Sand und schaute aufs Wasser, das seinen höchsten Punkt erreicht hatte und mit Ruhe ans Ufer schwappte. Ein ums andere Mal schwappte das Wasser mit der gleichen Ruhe ans Ufer, ein schier endloses Band, und würde doch seiner Gleichmäßigkeit bald ein Ende setzen, sich zurückziehen und im Rückzug eine Strömung entfalten, die einen ungeübten Schwimmer, wenn sie ihn auch nicht fort nahm zur offenen See, so doch seine Versuche zur Umkehr lange genug behinderte, bis ihn die Kraft verließ und er sich schließlich der Strömung hingab, um zu ertrinken, um irgendwo da draußen zu ertrinken, dass er Glück hätte, wenn das Wasser seinen Körper später wieder ans Ufer legte.

Steven stellte sich den Sog des abebbenden Wassers vor, wie man aufgenommen wurde von der Strömung, wie sie einen wiegte und koste und einem die Augen verschloss. Fast lächelte er, weil ihn der Ruf nicht mehr erreichte.

In seinem Rücken die Hütte würde noch ein paar Stunden brennen. Noch ein paar Stunden würde er das Feuer hören, wie es gemeinsam mit dem Material, das es sich einverleibte, alle erdenklichen Klänge bildete, prasselnd, zischend, ächzend, knallend, steigend und schließlich fallend verebbte, um noch ein, zwei Tage unter der Asche eine Glut vorzuhalten und mit der Glut eine Bereitschaft, aufs Neue sich entfachen zu lassen, bis auch die letzte Glut befriedet starb. Zwischenzeitlich wäre das Meer zurückgekommen und wieder fortgegangen und würde nicht aufhören mit dem Zurückkommen und Fortgehen.

Egal, wie lange es dauerte, er würde stets aufs Neue dem Ruf der Strömung entsagen.

Egal, wie lange es dauerte, er würde hocken bleiben im Sand, bis sie vorbei gerannt kam.

## Ron Winkler im Gespräch

Den aktuellen Akutheiten auf der Spur

*Ron Winkler, 1973 in Jena geboren, studierte Germanistik und Mittelalterliche bis Neueste Geschichte und lebt heute als Lyriker, Herausgeber und Übersetzer in Berlin. 2005 erhielt er den Leonce-und-Lena-Preis und im Jahr darauf den erostepost-Literaturpreis und den Mondseer Lyrikpreis. 2007 erschienen sein dritter Gedichtband* Fragmentierte Gewässer *(Berlin Verlag) und eine Anthologie junger amerikanischer Lyrik mit dem Titel* Schwerkraft *(Jung und Jung).*

**Andreas Heidtmann:** Lieber Ron, der Titel Deines neuen Gedichtbandes lautet „Fragmentierte Gewässer" und ist für Deine lyrische Arbeit – Stichwort modernes Naturgedicht – sehr charakteristisch. Was mir beim Lesen regelrechte Spaßmomente bescherte, war das ironische Raffinement, das im Zusammenspiel mit einem sachlichen Duktus fast wissenschaftlicher Präzision steht. Wie siehst Du diese Aspekte in Deinen Gedichten?
**Ron Winkler:** Ironie ist ein grandioses Instrument poetischer Feinmechanik. Es erlaubt verschiedenste Kalibrierungen des eigenen Blicks. Von den Warmtönen des Ausdrucksspektrums über vermessene Invektiven bis hin zu einer so intensiven Ironie, dass sie schon wieder ihr vermeintliches Gegenteil ist – hoher Pathos. In der Regel vermag es der ironische Gestus, die Ornamentierung zu erden, der das Gedicht wegen seiner Sondersprachlichkeit ausgesetzt ist.

Außerdem bricht Ironie ganz gut die durch die ambitionierte Definitorik des Autors drohende sprachliche Selbstveredelung. Und ich liebe einfach all ihre Allianzen mit Lakonie, Blues, Perfidie oder Spott.

Demgegenüber ist die Sachlichkeit ein reizvoll konträres Moment. Zwischen beiden Anmaßungen spielt die Poesie ihre eigenartigen Ansichten aus, ihre frappanten, trügerisch hyperrealen Setzungen – die mit der Wissenschaft gemein haben, den Dingen auf den Grund gehen zu wollen. Irgendwie ist mir das wichtig:

Weltanschauung zu präzisieren versuchen. Und dabei selbst mit nüchternen Sentenzen höchste Expressivität erzeugen zu können.

A. HEIDTMANN: Was würdest Du einem Leser sagen, der in den Gedichten – etwa über den ecuadorianischen Regenwald – die Reflexion ökologischer Gefährdungen vermisst? Sind die Gedichte wirklich in diesem Sinne unpolitische Selbstbespiegelung oder involviert das romantisch entseelte Naturbild nicht bereits Kritik?

R. WINKLER: Zunächst würde ich gern festgehalten wissen, dass die von Dir angesprochene „Equadorie" nicht wirklich ein Gedicht *über* den Regenwald darstellt. Ich sehe darin eher eine theatralische Sendung, ein Kammerspiel in der Kulisse eines als Regenwald apostrophierten Umfelds. Der durchaus nur anskizzierte Biotop ist, wie ich glaube, schon als rein metaphorischer Ereignishorizont erkennbar. Eine Lesart mit Fokus auf vermutete Landschaftsabbildung kann dem Gedicht hinsichtlich der poetischen Bearbeitung seiner Referenzobjekte und Sachverhalte sicherlich auch einiges abgewinnen, im Grunde aber ist das Gedicht für eine solche Lektüre zu karg oder – anders gesagt – *zu theoretisch* ausgestattet.

Die „Equadorie" gehört zu einer Reihe von Gedichten, die ihre in einem „wir" zusammengefassten Helden in einem je bestimmten Experimentierfeld beobachten – beziehungsweise sie dort wirken lassen. Gewissermaßen steuert der Text seine unbestimmten Protagonisten durch eine Landschaft, die ein bestimmtes Hintergrundwissen des Rezipienten anzapft. Mir gefällt in diesem Zusammenhang das Bild der Argonauten. Was hier gemeinschaftlich durch den Urwald zieht, ist ein seltsamer Haufen: fast geschädigt von der eigenen Wahrnehmungskapazität; der intellektuelle Status irgendwo zwischen pedantischem Wahnwitz und wahnwitziger Pedanterie. Man könnte in ihnen *romantisch beseelte* Irgendwieforscher mit teils prächtig deformiertem Analysebrimborium sehen. Für mich sind sie durchaus Platzhalter zeitgenössischer Mentalität. Die Natur ist ihr Objektträger.

Aber zurück zu Deinem Fragenkomplex. Die Haltung, in der Zivilisationskritik das Desiderat von Dichtung zu sehen, empfinde ich als Farce. Eine solche Anmutung (ich verstehe Deine Anspielung auf eine Rezension) ist genau so lächerlich, als prangere man die Ignoranz der „Mona Lisa" gegenüber den Lebensverhältnissen der Unterschichten an. Es ist doch ein verzweifelt hilfloser Ansatz, die vieldeutige Geschmeidigkeit, zu der poetische Abstraktion fähig ist, gegen schnell verpuffende Engagiertheitsbekundungen ausspielen zu wollen.

Selbstverständlich soll das Gedicht eine Instanz gehaltvollen Urteils über Wirklichkeit sein, keinesfalls aber ist es die Manifestation von Klassenzimmer.

Für mich klingt es, wenn jemand der Lyrik ein Guerilla-Reservat zuweisen will, wie aus einem alten Handbuch für Literaturkritiker abgelesen. Dabei haben wir – man muss nur einmal genau hinschauen – gegenwärtig durchaus nicht wenige Poetiken mit Krisenbewusstsein. Vieles vollzieht sich subtil, indirekt, zwischen den Zeilen. Probleme werden nicht selten in den Spielformen des Heiteren transportiert. „Erziehung" findet mit Schiller eben vor allem ästhetisch statt. Als eine Art *mindful entertainment*. Kunst, die auf der Suche nach Revolte oder bloß einem Che-Guevara-Feeling durch offene Türen geht, ist verloren. Lyrik kann Brennpunkte vermitteln. Was es aber *ist*, hat der Verstand des Rezipienten zu sagen.

A. Heidtmann: Du hast in diesem Jahr eine Sammlung junger amerikanischer Dichter unter dem Titel „Schwerkraft" herausgegeben. Die Übersetzer von Steffen Popp bis Uljana Wolf sind im Durchschnitt jünger als die übersetzten Lyriker. Jürgen Brôcan findet in der „NZZ", die Auswahl sei ein wenig einseitig auf junge Autoren konzentriert, die avantgardistische Lyrik im Sinn haben. Wie bist Du zu der Auswahl gekommen und welche Wirkung erhoffst Du Dir von der Anthologie im deutschsprachigen Raum?

R. Winkler: Das Fehlen von Vorschriften machte es möglich, sich auf das zu konzentrieren, was spannend erschien. Um die Tücken zu mindern, die mit einem Zentralismus verbunden sind, habe ich bewusst auf die Kompetenz der Übersetzer vertraut – Lyrikern, deren Poetiken, anders als Brôcan das meint, ganz verschiedene Wellenlängen haben.

Doch selbst eine Schnittstelle verschiedener Subjektivitäten kann kein (definitives) Generalpanorama zeichnen. Das lag auch nicht in meiner Absicht. Es ist doch klar, dass jeder andere Evidenzen sieht. Dem vorauseilend zu folgen ist eigentlich nicht möglich und wäre fatal. Man würde gegen die eigenen Instinkte handeln. Im Fall der „Schwerkraft" hieß das: Interesse an der Tektonik des Innovativen, an der elektrisierten Auseinandersetzung mit sowohl der territorial eigenen als auch der globalen Gegenwart. Zugegebenermaßen hatte ich auch synergetische Effekte für die hiesige Lyrikszene im Sinn – ein solches Buch ist ja unweigerlich immer auch eines für die, die selbst Lyrik schreiben.

Dafür wählte die Anthologie eben eine andere Repräsentationsform als die des Arche-Noah-Prinzips. Weder gibt es ein akademisch-zerebrales Oberdeck noch fein säuberlich angeordnete Schaukammern für die Affekte des Untergrunds. Lyrik sollte nicht dadurch kategorisiert sein, ob sie von Schwulen kommt oder von Cowboys, von Language-Dichtern oder Spät-Beatniks, von Slam-Poeten oder Mystikern, von Migrantinnen oder Neoformalisten, von der Ostküste oder einem Creative-writing-workshop im Eriesee. Eine derartige Austarierung hat sich oft als Instrument der Langeweile erwiesen.

A. HEIDTMANN: Für 2007 ist auch ein kleiner Band bei „SuKulTuR" von Sarah Manguso mit dem wunderbaren Titel „Elf hirschförmige Kekse" angekündigt. Was erwartet den Leser?

R. WINKLER: Märchenhafte Festspiele eines verqueren poetischen Denkens. Gedichte von erleuchteter Unvernunft, zerebraler Wärme und ätherischer Verzwicktheit, die es vermögen, Lakonie und Irritation als Süßstoffe einzusetzen. Texte, die für mich – jenseits von simplen Definitionsversuchen – sehr Gegenwart sind. Klug und irre toll.

A. HEIDTMANN: Wie wichtig findest Du es für einen Lyriker, sich über die dichterische Arbeit hinaus in der literarischen Szene zu engagieren, sei es als Rezensent, Herausgeber oder Redakteur? Es gibt ja zahlreiche Beispiele von Jan Koneffke („wespennest"), Renatus Deckert („Lose Blätter", bis 2007), Hendrik Jackson („lyrikkritik.de") bis zum jüngsten Leonce-und-Lena-Preisträger Christian Schloyer („laufschrift").

R. WINKLER: Dass es nicht schaden kann, wäre Dir sicher eine zu saloppe Antwort. Für das von Dir angeführte Engagement spielen ganz unterschiedliche Motive eine Rolle: man kontextuiert sich, bündelt Interessen, vergrößert den Echoraum für sein Metier, ist den aktuellen Akutheiten auf der Spur, geht energetische Wahlverwandtschaften ein mit komplementären Künsten, Denkmodellen. Eine treibende Kraft ist die Angst vor Anämie. Eine andere die Lust am Erfinden von Zusammenhängen. Schreiben im Minoritätenstatus bedeutet letztlich ein Missionarsschicksal. Man investiert Energie in das eigene Kraftfeld. Wenn man es ernst mit einer Sache meint, dann ist es nur konsequent, über ihre Substanz hinaus zu agieren. Idealismus also, zugegebenermaßen da und dort angereichert mit Alphatierstrategien. Ich würde niemanden darauf verpflichten wollen. Jeder findet andere Wege und Orte, die Leidenschaft für Literatur nicht beim eigenen Ego enden zu lassen.

A. HEIDTMANN: Neuerdings wird die junge Lyrik viel gelobt. Beim letzten „Literarischen März" in Darmstadt hieß es: Es sei keine schlechte Zeit für Lyrik, der Gattung gehe es sehr gut. Teilst Du diesen Eindruck?

R. WINKLER: Nur bedingt. Zum einen ist jedes Lob verdächtig, das aus dem Speckgürtel des Gelobten kommt. Zum anderen scheint es so zu sein, dass das Lob mitunter auch auf die abfärben soll, die für bestimmte Erscheinungen gar nicht verantwortlich sind und *sein können*. Mit der Geste eines sporadisch vorstoßenden Tätschelns wird zudem substanziell nur wenig gewonnen. Manche Unternehmung des Feuilletons, das mittlerweile selbst in der Lyrik zur Eventberichterstattung neigt, wirkt wie eine Mixtur aus Lust auf Alibi und Besuch im Zoo. Sicher ist es immens wichtig, bestimmte Formen von Coolness zu vermitteln und einen Hype um manche Protagonisten oder die junge Szene insgesamt zu erzeugen – keine Frage. Aber die Agilität findet auch in den Texten statt. Wo forschen denn die traditionellen Kultur-Auguren noch an den Metastrukturen gegenwärtiger Poetik? Bezeichnend, dass die zuletzt interessanteste Durchleuchtung der Strömungsreichtums der jungen Lyrik (siehe „BELLA triste") aus ihrem eigenen Umfeld kam.

Dass es teilweise phänomenale Dynamiken gibt, ist nicht zu leugnen. Wir sind gesegnet mit Preisen, Stipendien und Festivals. Und wahrscheinlich wurden noch nie so viele Lyrikmanuskripte zu nicht selten erheblich schönen Büchern. Nur fehlt die (konsequente) mediale Verstärkung. Die Situation wird von Amplituden der Aufmerksamkeit erleuchtet. Da verbrennt auch viel.

A. HEIDTMANN: Norbert Hummelt hat sich in einem Gespräch gegen einen Populismus in der Lyrik gewandt und, Stefan George zitierend, die Lyrik als ein Terrain für eher wenige definiert. Dagegen ist das, was man unter „Poetry Slam" versteht, in den letzten Jahren stark in den Vordergrund getreten. Wie beurteilst Du diese sehr unterschiedlichen Pole?

R. WINKLER: Man darf nicht den Fehler machen, das, was sich hinter dem Eventlabel „Poetry Slam" verbirgt, mit Lyrik gleichzusetzen. Nicht nur, weil ein Poetry Slam viel mehr künstlerische Profile repräsentiert als nur diverse Formen von Lyrikkundgebung. Ein Slam ist nicht der Vollzugsraum eines einzelnen Genres, schon gar nicht der Lyrik.

Im Prinzip wurde die Poesie – und das nicht ohne Absicht – durch die performative Anforderung des Poetry Slams vom Verdacht befreit, eine reine Elfenbeinkultur zu sein. Die Lyrik wurde hier wieder zu einer im doppelten Wortsinn *populären* Institution.

Viele Autoren, die auf Slams nicht nur gelegentlich Lyrik vortragen/ aufführen, würden wahrscheinlich eine Dichotomie von einerseits dem, was man landläufig unter Lyrik versteht, und andererseits Poetry-Slam-Poesie bestreiten. Doch ich denke, ein wesentliches Charakteristikum von Slam Poetry ist der ad-hoc-Zuschnitt vieler Texte: auf die Performativität hin, den spezifischen Kontext, eine bestimmte auch tagesaktuelle Gegenwart. Die ›klassische‹ Lyrik hingegen – auch wenn man das nur schwer pauschalisieren kann – vertraut insgesamt wohl eher auf eine weniger lineare Rezipierbarkeit. Gedruckte Gedichte erlauben einfach oft flexiblere Lektüren.

Damit ist über die Faktoren Populismus und Popularität, Exklusivität und Elitarismus noch nichts gesagt. Dass Lyrik aufgrund ihrer syntaktischen, semantischen oder morphologischen Abweichungen von der konventionellen Sprache ein „Terrain für eher wenige" ist, liegt auf der Hand. Ein Naturgesetz allerdings, das die Zahl der Leser festlegt, gibt es nicht. Ich sehe da durchaus Chancen, gerade durch die sehr plurale Vitalität der Lyrik derzeit.

Popularität kann theoretisch (und die Literaturgeschichte hat Beispiele dafür) auch mit hermetischer Dichtung funktionieren. Doch zu denken, dass die Streuung von Lyrik ohne die Vermittlungsfertigkeiten ihrer Distributoren zustande kommen kann, wäre genauso naiv wie die Auffassung, eine umfassendere Rezeption der Poesie sei nur mittels populistischer Texte möglich.

A. Heidtmann: Die amerikanische Literaturszene ist, so mein Eindruck, stärker im Netz aktiv als die deutsche. Kaum ein Dichter aus „Schwerkraft", der nicht mit einer Reihe von Gedichten im Internet zu finden wäre. Wie wichtig ist für Dich als Lyriker und Herausgeber, als Lesender und Recherchierender das Internet?

R. Winkler: Ob die Aktivität amerikanischer Lyriker im Netz relativ oder auch nur absolut größer ist, will ich nicht beurteilen. Mein Eindruck ist es nicht. Zumindest ist mir eine intensivere oder essentiell andere Diskursivität nicht ins Auge gestochen. Man muss beachten, dass für einen Großteil literarischer Texte das Internet nur ein Referenzshuttle ist, das sie mit althergebrachten Realien wie etwa Zeitschriften verbindet. Noch ist das Netz nicht das Totalmedium, das heraufzuziehen scheint – auch nicht im Bereich kultureller Marginalien.

Für mich dient es als Boulevard und Unterhaltungsdusche, Anzapfraum und Elektroenzephalograph. Es ist immer da.

A. Heidtmann: Die obligatorische Frage zum Schluss: Was sind Deine nächsten Projekte?

R. Winkler: Private Versschmuggelvorgänge mit einem ungarischen und einem norwegischen Dichter.

A. Heidtmann: Vielen Dank für das Gespräch.

Ron Winkler: *Fragmentierte Gewässer.* Gedichte. Berlin: Berlin Verlag 2007

Ron Winkler (Hg.): *Schwerkaft. Junge amerikanische Lyrik.* Salzburg: Jung und Jung 2007

Sarah Manguso: *Elf hirschförmige Kekse.* Übersetzt von Ron Winkler. Berlin: SuKulTuR 2007

## KURT DRAWERT IM GESPRÄCH

Ich schreibe eigentlich immer als Lyriker

*Kurt Drawert, 1956 geboren in Hennigsdorf/Brandenburg, lebt als freier Autor in Darmstadt und leitet die* DARMSTÄDTER TEXTWERKSTATT *und das* ZENTRUM FÜR JUNGE LITERATUR. *Er studierte von 1982 bis 1985 am Literaturinstitut Johannes R. Becher in Leipzig und veröffentlichte seither Lyrik, Prosa, Dramatik und Essays, hauptsächlich bei Suhrkamp. 1989 erhielt er den Leonce-und-Lena-Preis und 1993 den Ingeborg-Bachmann-Preis.*

CHRISTIANE GELDMACHER: Herr Drawert, Sie leiten seit neun Jahren die Textwerkstatt in Darmstadt. Sie selbst haben am Literaturinstitut Leipzig studiert. Haben Sie damals Lust am Unterrichten bekommen?
KURT DRAWERT: Mein Studium liegt mehr als zwanzig Jahre zurück, und ich kann mir nicht vorstellen, damals eine gesteigerte Lust am Unterrichten gehabt zu haben. Unterricht gebe ich ja auch heute nicht. Ich gebe meine Erfahrungen als Autor weiter und setze mich für literarische Talente ein, die ich glaube, entdeckt zu haben. Und das geht natürlich nicht ohne theoretische Grundkenntnisse. Aber „Unterricht" würde ich das nicht nennen, denn es hieße ja, wer gut aufpasst, schreibt danach gute Bücher. Schön wär's vielleicht, ist aber blanke Illusion, wie sie die tausendundeins halb- bis viertelseriösen Ratgeber für literarisches Schreiben o. ä. sehr gern vermitteln. Lehren und lernen kann man das nicht, was literarisches Schreiben heißt und seinen ureigenen sprachlichen Gesetzen folgt. Wichtig ist vielmehr, eine Intuition für Talente zu haben, ihre Potentiale zu entdecken und sie dadurch zu fördern, dass sie ihnen bewusst gemacht werden. Eine Textwerkstatt ist der geeignete Rahmen dafür. Sie lehrt nichts im didaktischen Sinne, sondern sie unterzieht die Texte einem kritischen Diskurs, der ihre Schwächen und ihre Stärken freilegt und sie damit zur Vervollkommnung bringt. Vor diesem Hintergrund von lebendiger Auseinandersetzung

reift eine Begabung schneller heran als in den Abgeschiedenheiten einer ausgebauten Besenkammer bei Großmutter auf dem Lande. Ausgenommen die Hypergenialen vielleicht, von denen es in jedem Jahrhundert vielleicht ein bis zwei gibt. Aber geschenkt. So bin ich immer wieder auch überrascht worden, wie in doch vergleichsweise kurzer Zeit aus Anfängern, die emphatisch irgend einem Vorbild nacheiferten, Autoren mit einem eigenen Ton und Stil und Thema wurden. Manchmal reichte schon eine Sommerpause, und plötzlich war etwas ganz Neues da, das sich gar nicht erwarten ließ. Es ist sehr rätselhaft, wie so etwas entsteht, und oft steht man dann daneben und staunt. Aber ohne diese Referenz, wie sie eine Autorenwerkstatt bietet, wenn sie gut ist, wäre es sicher nicht oder erst später dazu gekommen, davon bin ich überzeugt.

C. GELDMACHER: Haben Ihre Lehrer einen großen Einfluss auf Ihr Schreiben gehabt?

K. DRAWERT: Bitte wer? Wenn jemand oder etwas einen Einfluss auf mein Schreiben gehabt hat, dann waren es die Umstände, unter denen ich lebte. Ich war ja doch, und in meinen frühen Jahren sowieso, fast durchgehend unglücklich, und da hat man dann literarisch eigentlich immer etwas zu tun. Das sagt aber nicht, dass ich keine guten Lehrer hatte. Die Seminare für Lyrik, Prosa, Literaturgeschichte (Einschränkung: Klassik) und Stilistik, die ich am Literaturinstitut hatte, waren wirklich recht gut, und ich habe da einiges gelernt, was ich noch heute gebrauchen kann – gerade eben auch für meine eigenen Seminare, die ich hier gebe. Aber wie gesagt, der genuine Schreibprozess, auf den man selbst ja nur bedingt Zugriff hat, bleibt davon unberührt. Da ist man immer allein, und es ist müßig und letztendlich auch gar nicht möglich, das komplizierte Bedingungsgeflecht aus inneren und äußeren Gegebenheiten, das nötig ist, um so etwas wie einen poetischen Text entstehen zu lassen, in seine Bestandteile zu zerlegen und zurückzuverfolgen, warum etwas wie entstanden ist.

C. GELDMACHER: Norbert Hummelt, der Herausgeber der *Lyrikedition 2000*, hat in der letzten Ausgabe des Poetenladen-Magazins gesagt: „Literarische Bildung halte ich für unerlässlich, das hat nichts mit Akademismus zu tun, sie muss sich allerdings mit Intuition verbinden können, wo das nicht klappt, hat alles keinen Zweck." Bemerken Sie einen Unterschied zwischen literarisch gebildeten und ungebildeten Seminarteilnehmern? Wie wichtig ist das Lesen für die schriftstellerische Arbeit? Halten Sie es für nützlich, sich zu Studienzwecken durch einen Kanon zu arbeiten?

K. Drawert: Ob ich einen Unterschied bemerke zwischen literarisch gebildeten und ungebildeten Seminarteilnehmern? Darf ich dazu ganz klar „ja" sagen? Ich kenne, offen gesagt, keinen Autor von Belang, der ungebildet ist und nicht irgendwie Bescheid weiß, wer wann was und wie erfolgreich schon einmal zu Papier gebracht hat. Ohne einen möglichst profunden Lesehintergrund kann man nicht schreiben, jedenfalls nicht so, dass etwas Neues entsteht. Vielleicht gibt es ein paar naive Gedichte irgendwo hinter den Mauern einer Nervenheilanstalt, die plötzlich berühmt geworden sind wie etwa die des Schizophrenen Ernst Herbeck. Aber es sind dann auch wieder die Gebildeten, die sie entdecken und ans Tageslicht holen. Etwas anderes ist, wie sich die Bildung wieder ins Bild, d.h. in eine literarische Sprache bringt, die diskursive Scheinzusammenhänge mit einem neuen Sinn konfrontiert. Immerhin schreiben wir ja keine Sachbücher, sondern Texte mit komplexen Strukturen, durch die Aussagen in die Sprache geschleust werden, die selbst nicht mehr Bestandteil des Gesprochenen sind und die wir, ein wenig hilflos vielleicht, den literarischen Mehrwert nennen. Ob es nun gleich ein Kanon sein muss, den ein junger Autor gelesen haben muss und den es ja in Reinform so auch nicht gibt, weiß ich jetzt nicht. Aber es gibt ganz gewiss ein paar Standards, die man schon kennen sollte. Und ein Studium wie das am Deutschen Literaturinstitut kann durchaus zu Lektüren anregen, auf die man allein nie gekommen wäre. Ich bin noch heute dankbar für einiges, das ich lesen musste, um es dann für mich selbst zu entdecken. Friedrich Hebbel war so ein Erlebnis, Franz Grillparzer oder Gustave Flaubert, über den ich schließlich meine Diplomarbeit schrieb und der mich bis heute beschäftigt. Allein die „Madame Bovary" ersetzt ein komplettes Studienjahr in Stilistik, Romantheorie inklusive. Oder Lessings „Hamburgische Dramaturgie", das sind doch Grundelemente für einen, der ernsthaft Stücke auf die Bühne bringen will.

C. Geldmacher: Welche Lyriker würden Sie Ihren Seminarteilnehmern empfehlen?

K. Drawert: Ich lese gerade die gesammelten Gedichte von Günter Eich wieder, in einer sehr schönen Suhrkamp-Ausgabe, fein in blaues Leinen gebunden. Gedichte wie „Latrine" mit dem vielleicht berühmtesten Reim der jüngeren Literaturgeschichte: „Urin" auf „Hölderlin", oder „Botschaften des Regens" usw., das fasziniert mich schon in seiner poetischen Konsequenz und moralischen Radikalität. Allein eine Zeile wie „Ich habe meine Hoffnung / auf Deserteure gesetzt" begleitet mich, seit ich selbst anfing zu schreiben, nein, zu denken. Von den Lyrikern meiner Generation interessiert mich am ehesten noch Gerhard Falkner.

C. Geldmacher: Welche zeitgenössischen Autoren schätzen Sie?

K. Drawert: Oh, wirklich recht viele. Aber lesen kann ich sie trotzdem nicht, wenn ich noch selbst schreiben will. Es ist eine reine Zeitfrage.

C. Geldmacher: Im letzten Jahr war der koreanische Dichter Hwang Chi-Woo bei Ihnen in Darmstadt zu Gast. Sie sprachen mit ihm über seine Arbeit als Literaturprofessor und über das Verhältnis von Lyrik und Diktatur. Das Publikum erfuhr damals, dass es der Lyrik in Korea besser ergeht als in Deutschland: Hwang Chi-Woo hat Auflagen seiner Gedichtbände von 100.000 plus zu verzeichnen. Hat Sie die Antwort überrascht? Oder anders gefragt: Gibt es Möglichkeiten, das Interesse an der Lyrik zu wecken?

K. Drawert: Hwang Chi-Woo ist unterdessen Kulturminister geworden, mal sehen, wie er das mit seiner Literatur künftig vereinbaren kann, denn seine Gedichte zählen wohl zu den besten dieser Kultur, die zwischen regionaler Tradition und westlicher Moderne hin- und hergerissen ist. Gerade jetzt übersetze ich einen Band des Koreanischen Lyrikers Choi Seungho, der wirklich sehr hart ist und notorisch um Metaphern der Zerstörung des Leiblichen kreist. Natürlich hat auch mich überrascht, in welcher Größenordnung dort Gedichte gelesen oder, besser gesagt, vertrieben werden. Aber es sind eben generell andere Bedingungen, die sich auf unsere Gesellschaften nicht übertragen lassen. Vor ein paar Jahren war ich in Chile zu einem Poesiefestival, wo wir auf der Plaza de la Constitution in Santiago vor ich weiß nicht wie viel tausend Leuten gelesen haben. Gleich nach meiner Ankunft in Deutschland hatte ich eine Lesung in Frankfurt, bei der einschließlich Betriebspersonal, ich glaube acht Leute saßen. Das ist die Lage, und sie ist wahrscheinlich nur bitter für den, der gerade vorlesen muss. Wenn dann auch noch das Schmerzensgeld vom Veranstalter nicht stimmt, hat man eigentlich einen triftigen Grund für den Flachmann. Andererseits ist Lyrik in seinem Anspruch auf rezeptive Totalität – und fragen Sie jetzt bitte nicht zurück, was ich genau damit meine, sonst werden wir gar nicht mehr fertig –, was wollte ich sagen?, ja, singulär. Diese Singularität gibt dem einzelnen Zuhörer oder Leser ein anderes Gewicht, und wenn da eben acht Leute sind, dann formuliert sich achtfach ein doch im Grunde sehr hoher Anspruch. Und die Abwesenden vermissen ohnehin nichts. Übrigens darf ich auch daran erinnern, dass es in den Ostländern vor '89 ähnlich hohe Auflagen gab, auch von Lyrik oder dem, was sich dafür hielt. Nun gut, das waren auch Zwangsauflagen für Werbegeschenke, damit die Arbeiter in den Patenschaftsbetrieben immer etwas hatten, um ihren Fisch einzuwickeln. Aber es gab dennoch auch ein enormes Lesebedürfnis, und sei es, weil sonst nicht viel los war und die Kneipe gegenüber geschlossen.

C. Geldmacher: Hwang Chi-Woo sagte auch, dass das Internet in Korea dem Gedicht helfe. 80 Prozent der Koreaner seien online und viele von ihnen läsen Lyrik. Auch deutsche Autoren vernetzen sich immer mehr, nicht zuletzt, um unabhängiger vom Literaturbetrieb zu werden und ihre Arbeiten – zwar finanziell unwirksam – einem breiteren Publikum auf Mausklick zur Verfügung zu stellen. Halten Sie das für eine gute Entwicklung? Können Sie sich selbst vorstellen, im Netz mit Lyriklesern zu kommunizieren? Oder wäre Ihnen das zu viel Nähe zum Rezipienten (der nicht Kritiker, nicht Feuilletonredakteur ist)?

K. Drawert: Also Nähe stellt sich ja nun über die Onlineverbreitung gerade nicht her, es sei denn, man ist schon dermaßen verkorkst, dass man sein virtuelles Zweitleben notorisch mit der Wirklichkeit verwechselt, was dann und in Folge die Wirklichkeit in ihrem Realitätswert bis zur Auslöschung schwächt. Ich glaube auch nicht, dass das Lesen auf einem Monitor das in einem Buch auch nur annähernd ersetzt. Nun mag es gewiss auch Vorteile haben, wenn man schnell und ohne zeitliche Verluste via Internet Vernetzungen schaffen und – ich zögere jetzt, das Wort *kommunizieren* zu gebrauchen – kommunizieren kann. Eine Gegenöffentlichkeit entsteht, etwas, das die Vorherrschaft der Printmedien unterlaufen möchte und temporär sicher auch kann. Andererseits ist der Selbstauslöschungseffekt dermaßen groß, dass dem ins Netz gestellten Text ein Potential an Glaubwürdigkeit schon in der Weise seiner getroffenen Verabredung mit dem Publikum, die ja nur negativ sein kann, genommen ist – für Literatur längerfristig ein Todesurteil. Ich meine damit, dass die Präsentation eines Textes, die Art, wie er dargestellt ist, mitentscheidet, wie ernst er genommen wird. Und wenn ich mich in einem Medium bewege, das alle Formen der Flüchtigkeit nicht nur erfordert, sondern selber hervorbringt, dann werde ich mit der gleichen Flüchtigkeit lesen, in der mir der Text auf dem Bildschirm erscheint. Vielleicht sollte man das Netz als einen hervorragenden Transmitter betrachten, der verführt, in die Originale zu schauen, denn tatsächlich findet ja gerade die Onlineseite des „Poetenladen", wie ich es selber erfahren konnte, eine enorme Verbreitung. Aber ich will auch ehrlich sein und sagen: ich habe da gar keine Ahnung und nicht einmal eine ordentliche „Homepage", wie es sich für einen professionellen Autor wahrscheinlich gehört. Ich bin sowas von technisch zurückgeblieben, dass diese ganze Netzherrlichkeit mit ihren Links und Hyperirgendwas an mir komplett vorbeigeht. Doch ich beobachte auch, dass gerade die aufs perfekteste verlinkt und vernetzt sind, die so herzlich wenig zu sagen haben. Denn es ist ja wohl doch so, dass die große zivile Abwesenheit in der Postmoderne auch eine Wunde geschlagen hat, die ihre Betäubungen braucht, und das Internet betäubt das Gefühl, von keinem gehört, gefragt und gebraucht zu werden. Es ist wie Dolly, die aufblasbare Liebespuppe, mit der man vielleicht etwas Spaß, aber keine Kinder haben kann.

C. Geldmacher: Sie gehören der Jury des Leonce-und-Lena-Preises in Darmstadt an. In der Podiumsdiskussion, an der sechs Lyrikkritiker teilnahmen, wurden unter anderem die Thesen vertreten, die junge Lyrik sei frisch, aber konservativ, und im Jahr fände man ungefähr ein Dutzend guter Gedichte. Teilen Sie diese Ansichten?

K. Drawert: Ich teile überhaupt keine Ansicht. Was ich zu sehen bzw. zu lesen bekomme, ist ein Ausschnitt, ein Zerrbild. Ich bin viel zu sehr mit mir selber beschäftigt, als dass ich mir einbilden würde, einen Gesamtüberblick zu haben. Oder ich müsste auf Recherche gehen, wie ich es für meine Anthologie „Lagebesprechung" gemacht habe, und dann ein paar hundert aktuelle Gedichtbände sichten. Aber dann wäre ich eine Art rasender Roland der Literatur, aber kein Autor mehr. Berufskritiker können das, müssen es sogar, für einen Autor ist es schlichtweg unmöglich. Das heißt aber nicht, dass man über die Ausschnitte, die sich einem bei der Arbeit zum Beispiel eines solchen Lyrikwettbewerbes bieten, nichts sagen kann. Im Gegenteil, man muss nur eben wissen, dass die Urteile kontextuell sind und nur in Bezug auf diese ausgewählten und vorgetragenen Texte gelten. Jede Kritik hat einen Referenzrahmen, und der kann eben sehr unterschiedlich sein. Auf dem Dorfteich ist jede Ente ein Schwan, auf offener See nur noch ein kleiner, hilfloser Punkt. Da darf man eben nichts durcheinander bringen. Und im Übrigen war es schon immer so, dass der poetische Ertrag im Verhältnis zu seinem Angebot an pseudopoetischen Texten überschaubar gering war. Nehmen Sie allein den deutschen Expressionismus und sehen Sie, wer davon heute noch ein Begriff ist.

C. Geldmacher: Sie selbst sind in der ehemaligen DDR groß geworden: Hat sich Ihr Verhältnis zur Lyrik seit der Wende verändert?

K. Drawert: Warum sollte sich mein Verhältnis zur Lyrik verändert haben? Wenn Sie verheiratet sind und draußen fällt Schnee, ändert sich Ihre Ehe ja auch nicht. Es gibt eine Kontinuität in meinem kleinen Werk, das ja nun doch schon aus über einem Dutzend Büchern besteht, die erstaunlich resistent ist und in keinen direkten Beziehungen zu aktuellen Anlässen steht. Natürlich reagiert man auf Geschichte, aber nicht oder nur selten unmittelbar. Ich habe schon in den 80er Jahren Gedichte geschrieben, die meine „Themen", wenn es denn so etwas Zusammenfassendes überhaupt gibt, benannt und umschrieben haben: Die Macht der Sprache und die Ohnmacht des Sprechens, die leere Identität, die Fiktionen des Ich. Klar war ich damit im Verständniszusammenhang der DDR-Literatur kaum verständlich und teilweise auch isoliert. Aber es gab immer Freunde und Gleichgesinnte, die verhindert haben, an den geistigen Beschränktheiten des offiziellen Betriebes verrückt zu werden. Also, substantiell, vom Kern der Enstehungsgeschichten her, hat sich nichts in eine völlig andere Richtung entwickelt oder verändert. Generell verändert haben sich die Zirkulationsbedingungen für Gedichte und die Verhältnismäßigkeiten zwischen Signifikat und Signifikanz, oder anders gesagt, der durch den paranoischen Blick der Macht quasi geschenkte sprachliche Mehrwert muss unter den jetzigen Bedingungen, wo die Worte ja fast frei davon sind, eine Bedeutung zu haben, recht schwer erarbeitet werden. Lassen wir das jetzt mal so stehen, wir können das hier nicht weiter erörtern. Was wirklich anders ist, sind die Begleitumstände des Schreibens, oder mit einem Gedicht gesprochen, das „Vom Ende der Poesie (1)" heißt: „Jedes Gedicht, sagte Herr Müller / von der HypoVereinsbank, / ist ein Schuldschein, / und Sie schreiben zuviel. // Ich also hängte diesen Teil / meines Lebens / wie an einen Haken für Schweine."

**C. Geldmacher:** Sie arbeiten auch als Romancier. Was ist Ihnen lieber? Die Arbeit an einem Roman oder an einem Gedichtband?

**K. Drawert:** Das kann ich so nicht sagen. Meine Prosa ist ja nicht die eines Romanciers, der große Entwicklungsromane schreibt. Ich schreibe eigentlich immer als Lyriker, also als jemand, der nicht nur „mit", sondern ebenso „in" der Sprache schreibt, sich von ihr verführen lassen will, um auf neue Gedanken zu kommen. So weiß ich eigentlich auch in der Prosa vorher nie, wo genau ich ankommen werde. Ich habe zwar so etwas wie einen groben Bauplan, aber eigentlich nur, um dann was ganz anderes zu machen. Allein meine

Essays sind eher diskursiv geschrieben, die Prosa hingegen ist fast wie ein langes Gedicht. Und was ich jetzt „Roman" nennen werde, das ich da gerade fertig bekommen habe, ist ein bisschen ein Gefallen, den ich meinem Verlag machen möchte, der das ja irgendwie auch verkaufen muss. Mir ist es herzlich egal, wie man das nennt.

C. Geldmacher: Welcher deutsche Romanautor hat in den letzten Jahren den größten Eindruck auf Sie gemacht?

K. Drawert: Wo Sie das fragen, fällt mir auf, dass ich fast gar keine Romane lese. Es sind einfach zu viele Seiten meistens, und es gibt ja auch noch immer eine Menge anderes zu tun, von Arzttermine wahrnehmen bis Steuererklärungen schreiben oder was sonst noch nicht alles. Ein Buch über, sagen wir mal, 200 Seiten empfinde ich da als fast schon ein wenig unanständig. Oder es muss wirklich so gut sein, dass man keinen Schaden davonträgt. Ein schlechtes Gedicht kann man verschmerzen. Man hat es vielleicht in der Straßenbahn gelesen und denkt, naja, der kann es eben nicht. Aber ein Roman von 500 Seiten, der viele Stunden oder Tage oder Wochen Lesezeit in Anspruch genommen hat, ist schon ein bisschen wie Mord, wenn er am Ende nichts wert war. Gut, der geübte Leser hört nach zwei Seiten auf. Aber wenn man's halt schon gekauft hat?

C. Geldmacher: Was lesen Sie zur Zeit?

K. Drawert: Ganz ehrlich und ohne jede Koketterie: mein eigenes Manuskript. Und ich achte darauf, es unter 200 Seiten zu halten.

C. Geldmacher: Vielen Dank für das Gespräch.

In dieser Ausgabe, Seite 83, Auszug aus: Kurt Drawert: *Ich hielt meinen Schatten für einen andern und grüßte.* Roman. Frankfurt: Suhrkamp, Herbst 2008

## Eva Demski im Gespräch

## Mir war immer sehr wichtig, unabhängig zu sein

*Eva Demski wurde 1944 in Regensburg geboren. Sie studierte Germanistik, Kunstgeschichte und Philosophie und lebt als Schriftstellerin und Journalistin in Frankfurt am Main. Sie erhielt unter anderem den Preis der Klagenfurter Jury, war Stadtschreiberin in Bergen-Enkheim und hatte die Brüder-Grimm-Professur der Universität Kassel inne. Neben mehreren Romanen verfasste sie Erzählungen und Essays und brachte Reiseführer und Bildbände heraus. 2006 erschien im Suhrkamp Verlag der Roman* Das siamesische Dorf.

**Angela Kreuz:** Es gibt viele Schriftsteller, bei denen man weiß, was als nächstes kommt. Das ist bei Dir überhaupt nicht der Fall. Über zwanzig Bücher sind von Dir erschienen, in ganz unterschiedlichen Sparten. Du hast Romane geschrieben wie *Goldkind* und *Scheintod*, Essays, *Mama Donau*, Bildbände, *Die Katzen von Montmartre*, Reiseführer und Reiseberichte, bis hin zu *Zettelchens Traum*, die Frankfurter Poetikvorlesungen. Das letzte war ein Krimi, *Das siamesische Dorf*.
**Eva Demski:** Ja, auch.
**A. Kreuz:** Ich will Deinen letzten Roman nicht auf einen Krimi reduzieren, nur um dieses große Spektrum anzusprechen. Wie reagieren Deine LeserInnen darauf?
**E. Demski:** Die Leser reagieren darauf gut. Wer das nicht mag, ist der Betrieb. Man wird mich immer erkennen: Egal, was ich mache, es bleibt ja meine Sprache. Der Leser kennt meinen Sound, ganz gleich, ob er ein Katzenbuch oder einen Krimi liest, ein Stück, ein Gedicht (wobei ich die Gedichte ja nicht herausrücke) oder sonst was – das bin ich. Das heißt, ich verkleide mich nicht, mich interessieren nur viele verschiedene Sachen. Hierzulande mag man es nicht, wenn jemand sich für vieles interessiert. Dem Betrieb wär's am liebsten gewesen, wenn ich *Scheintod* zwanzigmal geschrieben hätte. Da mich Wiederholung aber langweilt, lass ich sie bleiben.

Neulich hat eine Moderatorin auf einem Literaturfestival gesagt, ich würde die Erwartungen meiner Umgebung immer souverän enttäuschen. Das war mir nicht unrecht. Sie hat das allerdings wohl nicht so nett gemeint, wie ich es empfunden habe! Ich glaube auch nicht, dass ich mich jetzt noch festlegen lassen würde. Ich habe halt den Weg eingeschlagen, in vielen Revieren zu wildern, ohne mich selber zu verraten. Was mir bleibt, ist die Sprache und die Art des Guckens und der Gegenstände, auf die ich gucke, denen ich mich widme oder denen ich mich unterwerfe, das kommt manchmal vor, das kann sehr unterschiedlich sein. Das will ich auch so.

A. Kreuz: Es ist die unverkennbare Stimme.

E. Demski: Die Stimme soll man hören und kennen und erkennen. Da funktioniert allerdings nicht, wenn Bücher gemacht werden, wie es oft geschieht und auch oft erfolgreich ist: Dass sie aus Versatzstücken der aktuell interessanten Bereiche und Themen zusammengesetzt sind. Ich kann mich erinnern, ein Kollege, der vor einigen Jahren ein sehr gut verkauftes Buch geschrieben hatte, hat mir gesagt, er hätte die Themen in den Computer eingegeben: Frauen, Katzen, Mord. Und daraus hätte er dann sein Rezept gemacht. Das hat sich für ihn auch bewährt, das kann man nicht anders sagen. Für mich ist das zu synthetisch. Der Markt hat es aber gern, wenn man synthetisch arbeitet.

A. Kreuz: Du magst nicht bedienen, keine Erwartungen bedienen.

E. Demski: Nein, ich freue mich, wenn die Leser mir folgen, auch auf Neben- und Umwege. Es ist ja in den Jahren auch eine Art Vertrauen entstanden. Die Leser wissen, wenn ich sage, ich mache ein Venedig-Buch, wird es ein bisschen anders aussehen als die sieben Millionen Venedig-Bücher, die es schon gibt. Mich hat immer gereizt, mich Gegenständen zu nähern, denen sich schon ganz viele Leute vorher genähert haben, weil ich immer die Puppe in der Puppe sehe. Mir ist vieles auch zu einfach gemacht. Es gibt so wunderbare Themen, wo ich mich grün und schwarz ärgern kann, wenn jemand nur über das Thema schleckt und sich nicht wirklich reingräbt. Und da sehe ich gar nicht ein, warum man sich dann schöne Themen aussparen soll, nur weil irgendein Siebengescheiter sagt, ach, das gibt's schon zu oft. Oder warum man sich auf Themen einlassen soll, von denen behauptet wird, die würden jetzt gerade gerne gelesen. Ich könnte zum Beispiel jedes Jahr ein Katzenbuch machen, das wäre dem so genannten Betrieb ganz recht. Ich habe aber schon seit Jahrzehnten keins mehr gemacht.

A. KREUZ: Wem wär's recht?

E. DEMSKI: Das, was man so den Markt nennt. Ein schwer durchschaubares Wesen. Ich muss auch immer lachen, wie zuverlässig es grantig wird, wenn man mal etwas anderes macht. Man kann sich wirklich drauf verlassen. Mittlerweile ist dieses „immer was anderes machen" in mein Leben integriert. Irgendwann, denke ich, begreift auch der Markt: Das ist die, die sich darin gleich bleibt, dass sie immer alles anders macht.

A. KREUZ: Darf man fragen, was als nächstes kommt?

E. DEMSKI: Ja. Zwei Baustellen, zwei große Baustellen. Das eine ist das Bemelmans-Stück, das ist die Dramatisierung von *An der schönen blauen Donau* von Ludwig Bemelmans für das Regensburger Theater, womit ich sozusagen in der Schlusskurve liege. Ich muss jetzt nur noch Regensburg in die Luft sprengen, das fällt mir ein bisschen schwer. Da arbeite ich hart dran. Und wenn ich damit fertig bin, habe ich mit was anderem schon angefangen, wovon es auch 15 Millionen gibt, aber ich denke, es wird ganz anders, und das wird ein Gartenbuch.

A. KREUZ: Du bist in einer Theaterfamilie aufgewachsen. Dein Vater war Bühnenbildner, da hast Du schon ganz früh Theaterluft geatmet und Dich sehr intensiv mit Theater auseinandergesetzt. Ist es Dein erstes Theaterstück, das Du schreibst?

E. DEMSKI: Ja.

A. KREUZ: Warum kommst Du gerade jetzt zum Theater?

E. DEMSKI: Man hat mich gebeten. Ich wollte nie fürs Theater arbeiten, weil ich ein Kontroll-Freak bin und weil mir der Gedanke, ich muss was von mir aus der Hand geben (und ganz viele andere Leute nehmen mir das dann weg und machen ihres draus) – mir immer unangenehm war. Zumal man im Theater der heutigen Zeit die Stücke oft wirklich auch mit aller Mühe nicht wiedererkennen kann.

Aber ich hab hier doch sehr viel Vertrauen, und der Wunsch nach einer Dramatisierung des Bemelmansromans traf eigentlich vielleicht genau auf meine Neugier: Kann ich das nicht eigentlich auch? Dieses szenische Denken, das Denken in Bildern auf der Bühne – nicht in filmischen Bildern, das hab ich ja schon gemacht – sondern in Bühnen-Bildern, um zu meinem Ursprung zurückzukommen, das hat mich schon sehr gereizt. Und ich denke auch, dass es klappt, dass ich das kann. Denn man kann den Roman ja nicht eins zu eins in Dialoge hacken und dann hintereinander schreiben. Das funktioniert natürlich nicht.

A. Kreuz: Wird dann etwas ganz Neues daraus entstehen?

E. Demski: Das wird etwas Neues, etwas Wiedererkennbares natürlich. Ich erzähl nicht eine andere Geschichte. Aber auf der Bühne macht man es eben anders.

A. Kreuz: Du hast ja schon verschiedene Berufe ausgeübt, angefangen hast Du als Dramaturgie-Assistentin, Du warst freie Lektorin, Übersetzerin, Journalistin beim Hessischen Rundfunk, Fernsehfilme hast Du gedreht, Autorenporträts gemacht. Wie bist Du zum belletristischen Schreiben gekommen? Ist das so eine Hinführung gewesen?

E. Demski: Ich hab da nie einen großen Unterschied gesehen. Es ist nicht von ungefähr, dass einer meiner Lieblingsautoren, Joseph Roth, gar nichts dabei gefunden hat, als Journalist zu arbeiten, fürs Brot und auch aus Interesse, weil man eben auch als Journalist viel kennen lernt und viele Dinge sieht, auf die man allein nicht gekommen wäre. Mir war immer sehr wichtig, unabhängig zu sein, und ich finde, als Buchautor kann man nicht unabhängig sein. Da muss man sehr schnell sein, sehr marktkonform, und das möchte ich eigentlich nicht. Insofern habe ich das journalistische Bein stets sehr geschätzt. Und das eine hat das andere auch immer gefüttert. Du wirst auch, wenn Du Reportagen von mir siehst oder hörst oder liest, Du wirst wieder die Sprache erkennen, es ist wieder nicht eine andere, es ist immer meine. Was ich nicht könnte, weil ich das einfach nicht gelernt habe, ist Tagesjournalismus. Aber das hab ich auch nie gemacht. Ich habe immer eher essayistisch gearbeitet oder mit Kolumnen oder Interventionen, wo man sowieso seinen eigenen Schnabel behält. Den Meldungsjournalismus, das musste ich nie machen. Das hat mich nicht so interessiert. Außerdem bin ich Sternzeichen Stier, und wir setzen uns nicht gern schnell in Bewegung. Diese Flugplatzhektik – da ist was in die Luft geflogen, da musst Du jetzt sofort hin –, die ist, glaube ich, nichts für mich. Ich war allerdings öfter in der Situation, dass Sachen passiert sind, während ich am Ort des Geschehens war. Da war ich dann nicht so dumm, dass nicht wahrzunehmen, das ist klar. Aber ich hab eher zugesehen, dass die Ereignisse zu mir kommen und nicht ich zu den Ereignissen.

Mein erster Lektor hat gesagt: Denk immer daran, das, was Du da gerade schreibst, könnte kein anderer. Das ist richtig, das ist diese Sache mit der Authentizität.

A. Kreuz: Du bist vielfach für Dein literarisches Werk ausgezeichnet worden, erstmals 1981, als Du den Preis der Klagenfurter Jury gewonnen hast, es folgte der Kulturpreis Regensburg, dann warst Du Stadtschreiberin von Bergen, 1990 hast Du die Goethe-Plakette der Stadt Frankfurt bekommen, 2004 die Goethe-Plakette des Landes Hessen, und 2005 hast Du eine Professur an der Uni Kassel erhalten. Was ist es für ein Gefühl, so hoch ausgezeichnet zu werden? Verändert sich das mit den Preisen? Ein Jungautor ist natürlich im siebten Himmel, wenn er seinen ersten Preis bekommt.

E. Demski: Natürlich, und vor allem ist der im siebten Himmel, wenn es ordentlich Asche gibt, und das war ich natürlich auch. Aber mit der Goethe-Plakette zum Beispiel kannst Du nicht mal umsonst in den Zoo oder U-Bahn fahren. Das ist ein hässliches Stück Metall. Gott, die Ehre, die Ehre! Ja, Ehre kann ich nicht essen und nicht trinken und mir nicht an die Wand hängen. Ich bin sehr ehrungsresistent. Wenn eine Gratifikation in Gestalt von Geld daherkommt, kannst Du Deine Steuerschulden bezahlen oder eine schicke Reise machen, Du kannst als Stadtschreiber ein Jahr einigermaßen leben und arbeiten. Das ist schon toll, und das ist natürlich für Junge besonders toll. Ich warne nur davor: Wenn man bedenkt, es gibt circa 1440 Literaturpreise und Stipendien in diesem Land. Und es wird immer deutlicher – gerade auch in Klagenfurt, das sich ja wahnsinnig geändert hat seit der Zeit, als ich es kannte –, es ist eine Art von Wettbewerbsliteratur entstanden, die nicht sehr wagemutig ist. Sie ist nicht ganz schlecht, das ist so Leipziger Literaturinstitut, das ist kompatibel, und es ist schlechterdings zum Kotzen.

**A. Kreuz:** Das ist ein eigenes Genre, habe ich manchmal das Gefühl.

**E. Demski:** Es ist ein eigenes Genre, und es gibt auch Leute, die jedes Datum wissen und jede Bewerbungsmechanik kennen. Ich hab mich um so etwas nie geschert. Auch meinen Studenten sage ich immer: Es ist wichtig, dass ihr lebt, und es ist wichtig, dass ihr versucht, unabhängig zu sein, und es ist verdammt noch mal auch wichtig, dass ihr was arbeitet. Ein Brotberuf ist wahnsinnig wichtig. Was für Kafka und Gottfried Benn richtig war, kann für Mäxchen Meier und Ännchen Müller nicht falsch sein. Neulich habe ich es wieder gesehen: Bis ins Outfit hin schrie der ganze Kerl: Ich bin ein junger Dichter! Es waren drei Kritiker und fünf Germanisten um ihn herum, und er las mit wallenden Locken und einem ungeheuer intensiven Blick eine ungeheuer langweilige Story vor. Und da denk ich, Kerlchen, das ist nix, also, da gehört auch ein Stück Biographie dazu, es gehört ein Stück Sich-Aussetzen dazu, es gehört Leidenschaft dazu. Man kann nicht Schreibbeamter sein. Das kann man, wenn man Heftromane macht. Jerry Cotton schreiben ist ein Job, respektiere ich sehr. Aber wenn man Wörter macht, Wörter, für die man glaubt, auf die Welt gekommen zu sein, dann geht es so nicht. Es ist wirklich viel Handwerk, Handwerk kann ich jemandem beibringen. Aber dieses eine Fünkchen, das kann man eben nicht beibringen. Und das kann niemand. Das kann man nur in sich finden – und auch wieder verlieren. Sich selbst vertrauen und sich selbst misstrauen. Ich rede überhaupt nicht der berühmten deutschen Schreibqual das Wort. Weil: Wenn sie sich so furchtbar quälen ihr Leben lang, dann sollen sie was anderes machen, sollen sie Kuchen backen. Ich rede dieser ungeheuren Lust das Wort, die aber wirklich nur aus einer bestimmten Reibungshitze entsteht. Und die entsteht nicht, wenn man Knieschützer aus Stipendien und Ohrenschützer aus Preisen und Verlagsgeldern und sonst was hat. Ich glaub nicht, dass das gut ist.

Ich hab oft das merkwürdige Schicksal gehabt, in Jurys zu sein, wo ich dann natürlich die Preise nicht kriegen konnte, weil ich ja in der Jury war. Das waren immer die Preise mit richtig Geld! Und nachdem ich mir so drei, vier Jahre diese Wettbewerbs-Literatur angehört habe, da ist mir irgendwann mal der Kragen geplatzt, weil ich so traurig war, weil ich dachte, das ist Zeitverschwendung, und hab gesagt: „Es ist bekannt, dass nur auf einer ungedüngten Wiese Blumen wachsen." Dass sie mich nicht geteert und gefedert haben, war alles. Man muss sich Unabhängigkeit anders erwerben, und das geht am besten mit einem Brotberuf. Und man muss natürlich diesen Brotberuf so austarieren, dass er einen nicht zur Gänze auffrisst. Dazu gehört nicht Bedürfnislosigkeit, die liegt mir nicht, aber dass man sehr genau guckt: Was brauch ich eigentlich auf dieser Erde? Und man stellt doch fest, dass es sehr viel gibt, was viel Geld kostet und was man überhaupt nicht braucht. Was nötig ist: Ein guter Platz zu leben, Freunde zu bewirten, ab und zu mal schöne Klamotten, mal eine Reise und ins Theater gehen – das kann man sich schon erarbeiten. Und dann klappt das auch mit dem Schreiben anders. Weil: Man ist dann freier, und vor allen Dingen die Wahrnehmungsklauberei wird ein bisschen durchbrochen. Dann lässt man sich eben mal vier Jahre Zeit. Und wenn einer sagt: Wann hört man denn mal wieder was von Ihnen? Ja, das weiß doch ich nicht!

Gestern Abend war eine Kollegin da, die sagte, sie kann sich über ein Buch gar nicht mehr freuen, weil sie immer schon ans nächste denkt. Und das finde ich ganz schrecklich. Das braucht auch seine Zeit, so ein Buch, sich zu entwickeln, gesehen zu werden. Manche verschwinden, tauchen irgendwann wieder auf, wir sehen es doch an dem wunderbaren Bemelmans-Roman. Der hat auch sechzig Jahre gebraucht.

A. Kreuz: Stichwort Unabhängigkeit: Was würdest Du jungen Autoren raten, wie sie am besten mit Kritik umgehen?

E. Demski: Ach, Du lieber Gott. Es tut weh. Aus. Wunden lecken. Nicht sagen, das sind alles Arschlöcher, das sagt man natürlich auch. Sie sollen froh sein, wenn sie überhaupt welche kriegen.

A. Kreuz: Kritiken?

E. Demski: Na klar.
A. Kreuz: Und es sich nicht zu nahe gehen lassen?
E. Demski: Natürlich nimmt man das am Anfang fürchterlich ernst. Man nimmt es immer ernst. Aber ich glaube – das werden sie allerdings nicht begreifen und mir darin auch nicht folgen –, dass sie sehr viel misstrauischer sein sollten, wenn die Lobstürme von allen Seiten auf sie einprasseln. Gott, wie oft habe ich das erlebt: die hochgepriesenen Erstlinge und später hat man nie wieder etwas von ihnen gehört.
A. Kreuz: Ist damit auch die Gefahr verbunden, im selben Sinne fortzufahren und in der Art weiterzuschreiben, für die man gelobt worden ist?
E. Demski: Da kriegt man sowieso auf die Ohren. Beim zweiten Mal kriegt man immer auf die Ohren. Da muss man durch. Wer hat das gesagt? „Je preiser gekrönt, desto durcher gefallen." Das ist so. So ein Kehlmann zum Beispiel, mit so einem Erfolg, wo man sagt, ja mein Gott, ja, Junge! Wie geht der jetzt mit sich und der Arbeit um? Natürlich traut er sich jetzt erstmal kein zweites Buch. Irgendwann hat er schon gesagt, er wird was ganz Kleines, ganz Anderes machen. Ich kann ihn sehr gut verstehen. Patrick Süskind, der ist wieder zurück in die Filmdrehbücher und in die Theaterstücke. Sich erstmal auf sicheres Terrain bringen nach so einem furchtbaren Erfolg. Den haben natürlich die wenigsten. Ich rede eher von diesen Schmetterlingserfolgen. Hach, der neue Tipp auf der Messe. Auf der nächsten Messe grüßt den schon keiner mehr.
A. Kreuz: Was die Jungautoren noch besonders interessieren würde: Wie Du an Deinen ersten Verlag gekommen bist, wie Du das angestellt hast.
E. Demski: Ich habe gar nichts angestellt. War furchtbar einfach. Ich habe halt so vor mich hingeschrieben. Nach deinem ersten Buch fragt dich ja kein Mensch, und da ich selten über meine Arbeit erzähle, hat mich erst recht keiner gefragt. Ich war eine angesehene Journalistin, ich hatte einen guten Job. Willst Du die Geschichte wirklich hören?
A. Kreuz: Klar, deswegen frage ich ja.

**E. Demski:** Ich habe sie auch aufgeschrieben, es gibt jetzt einen Sammelband bei Suhrkamp, *Das erstes Buch*,* da steht das auch drin, weil es in meinem Fall wirklich sehr komisch war. Also: Ich hatte einen viel älteren Kollegen, der eine sehr interessante und dramatische Lebensgeschichte hatte, Valentin Senger, und der Valentin Senger arbeitete als Redakteur im Hessischen Rundfunk. Er war 20 oder 25 Jahre älter als ich, und schrieb seine Lebensgeschichte vor sich hin und las uns auch gelegentlich vor. Und es war sehr spannend und toll und einzigartig und dann hab ich ihm – als Redakteurin konnte ich das, ich hab ja auch Filme redigiert – Ratschläge gegeben, wo er mehr erzählen sollte, oder straffen: Und dann nahm ich das Manuskript unter den Arm und ging zu Peter Härtling, der damals noch Verlagschef bei Luchterhand war und im Autorenbeirat saß. Wir waren damals noch per Sie, und ich habe gesagt: „Herr Härtling, Sie wissen, ich mache so was sonst nicht, aber ich finde, das ist ein ganz tolles Manuskript. Gucken Sie sich's doch mal an."

Dieses Buch wurde sehr berühmt und hieß *Kaiserhofstraße 12*, es ist später auch verfilmt worden. Und vierzehn Tage später hatte der Vali seinen Vertrag und schwebte vier Meter über dem Erdboden, und wir gingen das feiern, und zwar mit dem Lektor, den er kriegen sollte, in einer Kneipe in der Nähe von Darmstadt. An dem Abend ist sehr viel getrunken worden. Wir waren noch bei diesem Lektor zu Hause, um noch was zu trinken, und ich sagte spät in der Nacht: „Ach, ich würde Sie gern mal was fragen." Und er guckte mich müde an und sagte „Ich habe es die ganze Zeit geahnt, Sie schreiben auch eins." „Ja", habe ich gesagt. „Na ja", hat er gesagt, „na gut, dann schau ich es mir halt mal an." Da existierte gerade die Hälfte. Und zwei Wochen später konnten wir noch mal feiern, da hatte ich nämlich meinen Vertrag. So war das. Ich wäre niemals hingegangen, ich kann das nicht. Ich kann das gut für andere Leute wie für den Vali, wo es ja auch wunderbar geklappt hat. Da habe ich mich sozusagen nur drangehängt, ob mal einer einen Blick draufwerfen kann. So ging das.

**A. Kreuz:** Schöne Geschichte.

E. Demski: Aber sie stimmt. Also: Einen Verlag zu finden, geht immer am besten über Bekannte, Freunde, Lehrer oder über einen Schreibkurs, gibt's ja jetzt sehr viel, über Literaturbüros, Literaturforen, Creative-Writing-Kurse an den Universitäten. Einfach hinschicken – no chance. Unter Tausenden, glaube ich, kommt vielleicht eins durch. Es funktioniert besser über ein Netzwerk. Und jeder kennt doch jetzt wen. Die jungen Autoren sind viel mutiger, als wir es waren. Ich hätte mich eher erschossen, als Siegfried Unseld oder so jemanden anzusprechen. Gar kein Gedanke. Ich hätte auch niemals eine Zurückweisung ertragen – dabei *muss* man das ertragen können. Ich hätte das, glaube ich, nicht gekonnt. Ich war nie in der Situation.
A. Kreuz: Liebe Eva, ich danke Dir für das Gespräch.


Eva Demski: *Das siamesische Dorf.* Roman. Frankfurt: Suhrkamp 2006
Eva Demski: *Mama Donau.* Hörbuch. Regensburg: LOhrBär Verlag 2007

*Renatus Deckert (Hg.): *Das erste Buch. Schriftsteller über ihr literarisches Debüt.* Frankfurt: Suhrkamp 2007

Jagoda Marinić im Gespräch

Ich möchte das Undarstellbare dargestellt wissen

*Jagoda Marinić, geboren 1977 in Waiblingen, studierte Germanistik, Politische Wissenschaft und Anglistik in Heidelberg und lebt heute als Schriftstellerin, Theaterautorin und Journalistin in New York und Heidelberg. Sie debütierte 2001 mit dem Erzählband Eigentlich ein Heiratsantrag. 2005 folgte der Erzählband Russische Bücher (beide bei Suhrkamp), für den sie mit dem Grimmelshausen-Förderpreis ausgezeichnet wurde. Kürzlich erschien ihr erster Roman Die Namenlose bei Nagel & Kimche.*

Katharina Bendixen: Was spricht Ihrer Meinung nach gegen eine konventionell erzählte Geschichte, und warum wollten Sie Ihre Geschichte nicht konventionell erzählen?
Jagoda Marinić: Nichts spricht gegen nichts, jeder Text ist lediglich ein Angebot an den Leser, und sowohl konventionelle als auch unkonventionelle Geschichten können gut erzählt sein. Es ist nur so, dass ich das Konventionelle inzwischen weder lesend noch schreibend nachvollziehen kann. Für mich ist eine Folge von Geschehnissen ebenso wenig aushaltbar wie eine Familiengenealogie – beides bezeichnen die meisten als Roman. In meinem Erleben von *Welt* hat sich irgendwann etwas eingestellt, was in den konventionellen Geschichten keine Entsprechung findet. Ich erlebe mein Dasein weniger in Geschehnissen als vielmehr in Gefühlen, denen mitunter gar kein Ereignis zugrunde liegt oder die dem Ereignis, das sie auslöst, oft nicht ganz entsprechen. Deshalb kann ich wohl nicht mehr konventionell erzählen.
K. Bendixen: Hat also das Misstrauen gegen die Fiktion auch etwas mit dem Leben, mit Ihrer Welterfahrung zu tun?
J. Marinić: Ja, es kommt eher daher als von der Beschäftigung mit dem Schreiben. Je nachdem, an welchem Punkt im Leben man steht oder welche Einflüsse und Erlebnisse einen gerade prägen, erzählt man sich die eigene Geschichte anders. Beim Lesen habe ich diese

Erfahrung selten widergespiegelt bekommen. Die meisten Bücher behaupten einen roten Faden, ein *so war und ist und bleibt es von vorne bis hinten*. Das erscheint mir aber nicht glaubwürdig. Meine Sehnsucht nach Geschichten wird in Theater und Film gestillt. In Büchern dagegen möchte ich etwas finden, was mir Theater und Film nicht geben können. Ich will in Texten nicht drei gute Dialoge lesen, sondern Wahrnehmungsebenen dargestellt wissen. Die Bücher, die mich anziehen, würden jeden Regisseur zur Verzweiflung treiben, weil sie das Undarstellbare darstellen, indem sie fragen: Was ist das Ich, das diese Geschichten erlebt?

K. BENDIXEN: In Ihrem Roman finden sich vier Arten zu erzählen: das Tag-Ich und das Nacht-Ich, das Ich der Fußnoten und die kursiven Tagebuchaufzeichnungen des Tag-Ichs. Ist die Konstruktion bewusst kompliziert?

J. MARINIĆ: Ich finde die Konstruktion nicht kompliziert und kann eventuelle Ratlosigkeit nur bedingt nachvollziehen. Ich glaube, dass der Leser ebenso hin- und hergeschleudert wird wie ich, dass aber dennoch innerhalb der Wechsel ein Zusammenhang spürbar ist, den ich bis ins Letzte aufschlüsseln könnte, wenn ich es wollte. Es ist ein Buch für neugierige Menschen, neugierig auf sich und wie sie damit umgehen, wenn sie ein Buch mal nicht einfach nur verschlingen, sondern mitkreieren sollen, indem sie dem Gelesenen eine Deutung geben. Im Prinzip würden mir die Interpretationen des Buches mehr über den Leser als über das Buch erzählen.

K. BENDIXEN: „Nach heutigem Verständnis braucht eine Geschichte weniger denn je so etwas wie einen Plot", sagt die Namenlose in Ihrem Roman. Und dann geschieht aber doch eine ganze Menge: Die Namenlose arbeitet in einer Bibliothek und ist ständig wütend auf ihre Chefin; sie verliebt sich; sie fährt zu ihrer Mutter, die im Sterben liegt …

J. MARINIĆ: Heutzutage finden zunehmend Verwechslungen zwischen Autor und Figuren statt, weil Autoren mehr oder minder gezwungen sind, sich dem Personenmarketing zur Verfügung zu stellen, denn ohne mediale Unterstützung ist die Verbreitung eines Werks fast unmöglich. Die Namenlose sagt diesen Satz, weil *sie* die

Welt so wahrnimmt. Das heißt aber nicht, dass das als Autorin meine Position ist, obwohl ich die Welt zumindest mit einem Teil meiner Selbst auch so wahrgenommen haben muss, sonst hätte ich der Protagonistin diesen Satz nie in den Mund gelegt. Vielleicht mag ich einfach das Spiel mit den Erwartungen der Leser. Viele suchen in Büchern einen Halt, statt ihn verlieren zu wollen. Dieser Satz beispielsweise führt dazu, dass der Leser das liest und denkt: „Ah ja, da schildert die Autorin über ihre Figur ihr literarisches Programm." Und dann lasse in meinem Buch doch etwas passieren. Statt sich darauf einzulassen, sagt der Leser: „Was will die denn, eben hat sie doch gesagt, es gäbe heutzutage weniger Plot denn je?" Und dann ist der Leser beleidigt, weil ich mich nicht an das halte, was er sich ausgedacht hat.

K. BENDIXEN: Welche Funktion hat denn der Leser in Ihren Büchern, wie soll er sich verhalten?

J. MARINIĆ: Das ist nicht meine Art zu denken. Ich weiß, dass es Leser gibt, ich weiß, dass es Bücher gibt, und ich hoffe, dass sich die jeweils passenden finden. Ich könnte aber meinen Leser nicht funktionalisieren, und ich denke auch nicht über *den Leser* nach. Ja, unter Umständen könnte ich Leser großartig an der Hand fassen und herumführen und mich gleichzeitig großartig dafür bewundern lassen, wie toll ich das kann. Aber das interessiert mich nicht. Was mich zum Schreiben treibt, ist das Abenteuer, das es sowohl für den Leser als auch für mich darstellt. Der Leser bekommt gerade genug Futter, dass er sich nah am Geschehen befindet, doch nie genug, um all seine Fragen von mir beantwortet zu bekommen.

K. BENDIXEN: Schreiben Sie sich von äußeren oder auch inneren Erwartungen frei, indem sie etwas Neues schaffen?

J. MARINIĆ: Leider verweigere ich meinem Schreiben zuliebe die Selbstanalyse. Innere und äußere Erwartungen sind für mich ein kaum trennbares Geflecht aus Eigenem und Fremdem. Ich lasse all diese Stimmen zu, halte sie aus und höre nicht hin, so paradox das klingen mag. Sicher hat das in der Summe dann einen Einfluss. Den kann ich aber nicht greifen, weil er mir zur Normalität geworden ist. Ob man aber überhaupt etwas Neues schaffen kann, weiß ich nicht.

Ich weiß nur, dass ich beim Schreiben nur mir glaube, ganz gleich, wie falsch ich damit liegen könnte und was ich damit riskiere.

**K. Bendixen:** Inwiefern hat sich Ihr Schreiben verändert, weil Sie schon sehr zeitig veröffentlicht haben?

**J. Marinić:** Kann sein, dass es etwas erstickt hat. Kann sein, dass ich deshalb keine Geschichten erzählen kann. Kann aber auch sein, dass ich ohne das frühe Veröffentlichen nie geschrieben, sondern einen anderen Weg gewählt hätte. Das sind sehr schwer zu beantwortende Fragen, deren Antworten ich nur kennen würde, wenn ich ein anderes Leben gehabt hätte und gleichzeitig über dieses hier Bescheid wissen würde. Ich weiß nie genau, was jetzt mein Wesenszug ist, was immer so gewesen wäre und was das Ergebnis bestimmter Erfahrungen ist.

**K. Bendixen:** Sie haben im Juni in Klagenfurt gelesen. In Ihrem Videoporträt haben Sie gesagt, dass Sie mit dem Schreiben und Veröffentlichen nun auch die Möglichkeit haben, in der Öffentlichkeit über sich selbst zu reden oder zu hypochondern. Wie groß ist die Freude darüber vor allem bei einem Roman wie *Die Namenlose*, der sehr persönlich scheint?

**J. Marinić:** Die Freude ist maßlos. Nein, zunächst einmal finde ich den Anspruch absurd, dass Autoren authentisch schreiben sollen und zugleich unpersönlich. Ich selbst möchte keinen Roman lesen, der unpersönlich ist. Dann würde ich zu einem Sachbuch greifen, aber auch da gefallen mir die besser, die einen persönlichen Standpunkt aufweisen. Die Reaktionen auf das Video zeigen mir, wie wenig greifbar das Reden im Kulturbetrieb geworden ist, mehr nicht. Es gibt dieses *gängige Reden über Literatur*, und das ist in etwa so spannend, wie die Aussagen in meinem Video tief sind. Nichts, was in diesem Video gesagt wird, bedeutet etwas, aber es war mir klar, dass man versuchen würde, es zu deuten. Ich finde, dass im deutschsprachigen Raum unter Intellektuellen viel leere Luft produziert und viel dreckige Wäsche gewaschen wird. Der Film war der Versuch, mich aus der Affäre zu ziehen, Ausdruck meines Unwillens, in so einem Forum wirklich etwas über mich zu sagen, womit ich ja auch etwas sage. Eine Totalverweigerung gelingt leider nur durch Selbstauflösung, was ich mir ersparen möchte.

**K. Bendixen:** Und damit, dass Sie in den Text eintauchen und wieder aus ihm auftauchen, meinten Sie auch nichts?

**J. Marinić:** Ich mochte einfach die absurde Formulierung. Das Wort „eintauchen" spielt mit dem gesellschaftlichen Bild des Künstlers, den die Muse küsst, der „ab- oder eintaucht" in die „Gedanken und Phantasiewelt", als wäre sie nicht die Lebenswelt. „Taucht in ihre Texte ein, Text-türen, Text-ilien." Der Satz bedeutet offensichtlich nichts. Mir war nur klar, dass man ihm Bedeutung aufzwingen würde, wenn ich ihn in diesem Kontext ausspreche. Auch das ist nichts Neues, doch dieser einbetonierte Zwang nach Interpretierbarkeit ist in seiner Vorhersehbarkeit jedes Mal überraschend und unterhaltsam.

**K. Bendixen:** Vielen Dank für das Gespräch.


Jagoda Marinić: *Die Namenlose.* Roman. Zürich: Nagel & Kimche 2007

## Ilse Kilic und Fritz Widhalm im Gespräch

Verlegen als Lebenshaltung

*Ilse Kilic, geboren 1958, lebt in Wien und arbeitet als Autorin, Filmemacherin und Zeichnerin von Comics. Fritz Widhalm, 1956 in Gaisberg geboren, ist Autor und arbeitet im Bereich Text, Ton, Bild. 2006 verfilmte er Gedichte von 30 Autoren für* Das fröhliche Wohnzimmer. *Mehrere Gemeinschaftspublikationen mit Ilse Kilic, so zuletzt:* Wie wir sind, was wir wurden *(edition ch, 2007). Gemeinsam geben sie seit 1986 die Edition* Das fröhliche Wohnzimmer *heraus.*

**Petra Ganglbauer:** Liebe Ilse Kilic, lieber Fritz Widhalm, die Edition Das Fröhliche Wohnzimmer ist seit Jahren eine namhafte und verdienstvolle Edition, die zeitgenössische deutschsprachige experimentelle Literatur herausgibt, auch mit einem Schwerpunkt auf zeitgenössischer österreichischer Literatur. Ich habe vernommen, dass die Herausgabe von Einzelpublikationen eingestellt werden soll. Warum?
**Ilse Kilic:** Wir haben circa 80 Einzelpublikationen in den letzten 20 Jahren gemacht und irgendwie haben wir das Gefühl, das genügt. Und wir wollen uns mehr auf Projekte konzentrieren, bei denen mehrere Autorinnen und Autoren gemeinsam ein Buch machen, Themen betreffend, die uns am Herzen liegen, Ideen, die uns am Herzen liegen.
**Fritz Widhalm:** Wir haben hundert ISBN-Nummern gekauft, und die werden wir auch nützen, und dann wird man sehen ...
**P. Ganglbauer:** Wann hat eure editorische Arbeit begonnen? Gibt es eine Entwicklung, die ihr feststellen könnt, rückblickend? Gibt es Vorbilder in editorischer Hinsicht, Vertreter der älteren Generation? Einzelkämpfer?
**F. Widhalm:** Angefangen haben wir 1986. Die ersten drei Jahre bewegte sich das Ganze im Freundeskreis, die Bücher entstanden damals noch in handgebundenen kleinen Auflagen. 1989 haben wir richtig begonnen mit der Edition, mit Lektorat, Druckerei ...

P. Ganglbauer: War Das Wohnzimmer Buch die erste offizielle Publikation?
I. Kilic: Ja, genau. Ich möchte das mit dem Freundeskreis ein bisschen relativieren, es war so, dass wir eine Gruppe von Kolleginnen und Kollegen waren von 1986 bis 1989, die sich alternative Vertriebswege überlegten; aus diesen Überlegungen gingen dann handgemachte, handbemalte Bücher hervor; Christine Huber beispielsweise hat damals eine Zeitung gegründet, also es war ein stetes Suchen nach Möglichkeiten, Vertriebswege abseits der großen ausgetretenen Verlagspfade zu finden. Und was die Vorbilder betrifft, wir haben beispielsweise Werner Herbst gekannt. Unsere ersten eigenen Lyrikbände sind ja in der Herbstpresse erschienenen. Wir kannten also Werner Herbst und Gerhard Jaschke (Anm: *herbstpresse* und *freibord*), auch die *edition neue texte* in Linz (Anm.: Heimrad Bäcker), die, so glaube ich, der erste Kleinverlag war, der mit so einer Konsequenz betrieben wurde.
F. Widhalm: Aber es gibt auch Vorbilder aus früheren Zeiten. Es hätte den Dadaismus ohne Kleinverlage nicht gegeben. Die *Edition Dada* war im Grunde ein Kleinverlag, der in kleinen Auflagen die Bücher der Dadaisten oder Antidadaisten herausgegeben hat.
P. Ganglbauer: Nach welchen Kriterien habt ihr eure Autorinnen und Autoren ausgewählt? Es gibt in eurem Verlagsprogramm auch ganz junge Kolleginnen und Kollegen, Leute, die das erste Mal überhaupt publizierten; eure Funktion war ja auch stets eine des Förderns.
I. Kilic: An sich war die Idee schon, dass wir die uns zugehenden Manuskripte lesen und daraus eine Auswahl treffen, aber zugleich ist es auch so, dass wir gezielt mit Leuten zusammenarbeiten wollten, wo wir versuchten, gemeinsam ein schönes Buch um wenig Geld zu machen.
F. Widhalm: Soweit möglich, trafen wir uns mit den Leuten, und haben versucht, die Bücher gemeinsam zu machen. Manchmal ging das auch nur über Postaustausch, beispielsweise im Falle von Rea Nikonova und Serge Segay, die damals noch in Russland lebten.
I. Kilic: Und natürlich hofften wir auch, dass die Autorinnen und

Autoren begreifen, dass es nicht so sein kann: Sie fangen beim Wohnzimmer an, um dann bei Suhrkamp zu sein, dass es schon auch eine Entscheidung bedeutet ...
P. GANGLBAUER: Eine Haltung?
I. KILIC: Es geht um Positionierungen. Es geht nicht nur darum, ein Buch zu haben, sondern auch darum, sich innerhalb eines Netzwerks zu bewegen, sich zu interessieren und einzubringen.
P. GANGLBAUER: Kommen wir auf eure eigene literarische Arbeit zu sprechen: In welcher Tradition seht ihr euch da?
F. WIDHALM: Ich kam zum Schreiben, weil mich die Moderne beeindruckte. Die Literatur Anfang des 20. Jahrhunderts: Expressionismus, Dadaismus, Surrealismus bis zur Wiener Gruppe und Heimrad Bäcker in Linz. Ich fing schließlich zu schreiben an, als ich Ilse kennen lernte. Schon mit dieser Traditionskette dahinter.
I. KILIC: Ich möchte dem noch *Oulipo* (Anm.: *Ouvroir de Litératur Potentielle*, französische Gruppe) hinzufügen, den Aspekt des Findens und Erfindens von Regelwerken der Sprache.
P. GANGLBAUER: Algorithmen?
I. KILIC: Nein, ich nenne es einmal Regelwerke – das ich für mich der weitere Begriff –, die einfach die Regeln der Sprache selbst zum Thema machen und zum Teil neue Regeln aufstellen, nach denen ein Text funktionieren kann, wodurch das Augenmerk auf Regeln überhaupt liegt. Das ist etwas, was mich fasziniert, die Regeln – das betrifft auch die gesprochene Sprache – zu untersuchen. Wiener Gruppe und Mayröcker, Jandl etc. sind sicher für jede Autorin, jeden Autor, die, der experimentell schreibt, ganz wichtig.
F. WIDHALM: Außerdem fühlten wir uns immer einem linksautonomen Netzwerk zugehörig. Das ist ganz wichtig.
P. GANGLBAUER: Apropos Netzwerk, wir haben von editorischen Strukturen gesprochen; das schlägt sich freilich auch auf die literarische und künstlerische Arbeit nieder. DAS FRÖHLICHE WOHNZIMMER manifestiert und präsentiert sich ja umfassend im Bereich Literatur, Edition, Kunst, Film, Musik. So gesehen eine eigene Welt? Ein eigener Kosmos, kann man das so sehen? Eine Lebensart?
I. KILIC: Für mich ist DAS FRÖHLICHE WOHNZIMMER auch eine Lebens-

haltung. Das Wohnzimmer ist der Ort, wo das Private und das Öffentliche einander begegnen. Das war für uns immer wichtig, eine Verbindung zu suchen zwischen privat und öffentlich und auch die Frage zu stellen, was privat und was öffentlich ist. Und auch das zu teilen, was im WOHNZIMMER passiert.

P. GANGLBAUER: Kommt der Name daher?

I. KILIC: Eigentlich nicht.

F. WIDHALM: Der Name ist Zufall. Ich machte ja früher mehr Musik und Bildende Kunst und weniger Literatur. Ich spielte 1981 bei einer Musikgruppe Richtung Industrial Punk. Nach unserer 2. Veröffentlichung gab es eine Kritik mit den Worten „Musik aus dem Fröhlichen Wohnzimmer." Dieser Name war zuerst Vertriebsname für die Musik, dann Gruppen-, dann Editionsname und irgendwann war der ganze Kosmos das FRÖHLICHE WOHNZIMMER.

P. GANGLBAUER: Es ist ja so, dass immer wieder ihr auch Motiv seid für eure Arbeit. Wenn ich auf die Homepage blicke, sehe ich viele Fotos von euch. Jedenfalls stellt ihr euch auf eine ganz bestimmte Art und Weise dar, ihr als Personen seid Teil dieses künstlerischen Prozesses.

I. KILIC: Es ist sicher so, dass unsere biografischen Erfahrungen auch Teil unserer Arbeit sind. Ich weiß nicht, ob das nicht sehr oft der Fall ist, wenn Kunst entsteht, bei uns ist es sicher ein wesentlicher Teil.

F. WIDHALM: Wir sind einfach selbst Teil der Wohnzimmer-Kunst.

I. KILIC: Und Teil des FRÖHLICHEN WOHNZIMMERS.

P. GANGLBAUER: Wenn wir einen Sprung machen zu einem Projekt, das *Verwicklungsroman* heißt und dessen 5. Teil eben in der *Edition ch* (Anm.: Günter Vallaster) erschienen ist, den schreibt ihr ja gemeinsam. Da kommen Jana und Naz als Protagonisten vor und andererseits auch Ilse Kilic und Fritz Widhalm. Wie ist das Verhältnis der vier untereinander?

F. WIDHALM: Was den Naz und Fritz Widhalm betrifft, so ist das ganz einfach, F.W. ist das Pseudonym für den Naz.

I. KILIC: Bei mir ist es komplizierter. Was die Jana betrifft, so wird sie als heimliche Zwillingsschwester von Ilse eingeführt, aber es ist natürlich schon so, dass die Verbindungen zwischen diesen Protagonisten und uns sehr komplex sind. Es ist ein fiktiver und wirklicher autobiografischer Roman. Ilse und Fritz kommentieren einerseits das Geschehen von Jana und Naz, andererseits ist es dem, was sie erleben, schon sehr ähnlich. Es gibt weit mehr Verbindungen. Ich fand z.B. den Namen Jana, aus einer Eigenschaft der Ilse, weil die Ilse immer wieder auf Fragen mit „na ja" antwortet, also ja und nein zugleich. Was man in Wien eben oft sagt. Der Name Jana ist anagrammatisch daraus gebildet.

P. GANGLBAUER: Wie schaut die Zusammenarbeit aus?

I. KILIC: Die Zusammenarbeit folgt einer Regel. Keiner der beiden darf etwas löschen. Man kann ergänzen oder etwas dazuschreiben, aber man darf nicht löschen. Alles andere ist Augenmaß. Es wird in kleinen Stücken geschrieben ...

P. GANGLBAUER: Im Reißverschlussverfahren?

F. WIDHALM: Man kann fortsetzen, kommentieren, widersprechen, überall in den entstehenden Text eingreifen ...

P. GANGLBAUER: Alles, was geschrieben ist, wird gedruckt?

F. WIDHALM: Ja. Am Schluss gibt es eine Endredaktion, gemeinsame Überarbeitung.

I. KILIC: Wir schreiben ständig dran. Die Bände erscheinen alle zwei Jahre. 2009 wird der Teil 6 erscheinen.

P. GANGLBAUER: Und *Verwicklungsroman* soll eine Persiflage von Entwicklungsroman sein?

F. WIDHALM: Unser Verwicklungsroman wandert nicht linear durch die Zeit, die Zeiten wechseln einander ab ...

I. KILIC: Er stellt auch die Frage: Ist Entwicklung möglich? Was ist Entwicklung und wo wird sie sichtbar?

P. GANGLBAUER: Ihr macht Musik, Filmarbeit. Ich erinnere ein Projekt, für das ihr zeitgenössische österreichische Lyrik verfilmt habt: DAS FRÖHLICHE WOHNZIMMER verfilmt Gedichte. Es sind auch Autorinnen und Autoren dabei, die ansonsten keine Lyriker sind.

I. KILIC: Die Idee hatte ich, weil es immer heißt, Lyrik sei so schwer lesbar. Ich versuchte die Möglichkeit eines anderen Zugangs aufzuzeigen. Ich lud Leute ein, bei denen ich mir vorstellen konnte, dass sie Freude daran finden, denn die Autorinnen und Autoren mussten ja ihre Gedichte als O-Ton lesen.

F. WIDHALM: Sie mussten auch einverstanden sein, dass es Bilder geben würde, was natürlich die Rezeption des Gedichtes verändert.

P. GANGLBAUER: Den Sound hast du zusammengestellt?

F. WIDHALM: Ilse die Bilder, ich den Sound. Wir schnitten das gemeinsam am Computer.

P. GANGLBAUER: Wie sieht es eigentlich mit dem Kontakt zu anderen Editionen aus, etwa in Deutschland oder der Schweiz?

I. KILIC: Wir kennen Kolleginnen und Kollegen vor allem aus dem Bereich Autor/inn/enverlage, dort haben wir immer wieder Kontakt, auch auf der Minipressenmesse in Mainz. Kontakt, das heißt, dass man sich und die Arbeiten, Bücher kennt.

P. GANGLBAUER: Wie sieht es aus eurer Sicht mit der Überlebensfrage in Deutschland für Editionen in der Größenordnung eurer Edition aus?

F. WIDHALM: Ich denke, dass es in Österreich ein bisschen leichter ist, an Gelder, an Subventionen heran zu kommen. Es ist in Deutschland, soweit wir das mitkriegen, schwieriger. Aber es gibt glücklicherweise sehr viele interessante Verlage, oft ganz klein, oft ein bisschen größer, also dann auch wieder alles recht ähnlich wie in Österreich.

I. KILIC: Was das Finanzieren in Österreich betrifft, ist es so: Es gibt Geld, aber wenn man kein Privatgeld hat, kann man es nicht machen. Wir hatten Jobs in den Anfängen und viel Privatgeld floss ein; über die Jahre wurde es besser, einerseits durch mehr Verkauf, andererseits, weil uns die Subventionsgeber kennen. Aber ohne Fixjobs wäre es nicht gegangen.

P. GANGLBAUER: Wie soll der Freiraum genutzt werden, der dadurch entstehen wird, dass ihr keine Einzelpublikationen mehr herausgeben werdet? Wollt ihr eine bestimmte Facette eurer Arbeit vertiefen?

I. KILIC: Der Vertrieb bleibt ja, der adminstrative Aufwand auch, und wir haben ja das *Glückschweinmuseum*, die Wohnzimmer-Galerie. Und das ist freilich eine Möglichkeit für uns, unsere Bücher im öffentlichen Raum zu präsentieren. Dort finden auch kleine Veranstaltungen statt. Das macht uns Spaß und ist sowohl für die Edition als auch für uns gut. Und Anthologien machen ja mehr Arbeit als Einzelpublikationen.

F. Widhalm: Es ist viel zu Routine geworden und es ist für uns wichtig, da etwas zu ändern, um es nach 20 Jahren auch für uns selbst interessanter zu machen; viele der Arbeiten sind reine Routine; bisweilen erinnert das an Fließband-Arbeit, man sitzt am Computer und setzt, dann geht man in die Druckerei.

P. Ganglbauer: Automatisiert.

F. Widhalm: Wir haben uns überlegt, das Ganze umzugestalten und wieder etwas Spannendes hineinzunehmen. Es muss auch irgendwann Schluss sein. Es kommen Jüngere nach. Neuere Kleinverlage, wir werden weiterhin etwas machen, aber es wird sich ändern.

P. Ganglbauer: Es wird dadurch auch wieder spielerischer. Sind in nächster Zeit Einzelpublikationen von euch selber geplant?

F. Widhalm: Wir arbeiten ständig an unseren Buchprojekten. Ich möchte Ende des Jahres ein Buch abschließen. Es geht darin um die Erschaffung einer Person, die Figur soll ein eigenes Leben führen, ähnlich Frankensteins Monster ... und dann auch eigene Bücher schreiben. Sie wird aus dem Buch heraus in das Leben treten.

I. Kilic: Das ist lustig, die Idee: Wie entstehen Romanfiguren? In meinem Buch *Vom Umgang mit den Personen* (Anm.: Ritter Verlag) geht es ja eigentlich um etwas Ähnliches, nämlich darum, wie man eine Person konstruiert. Und ich habe damals alte physikalische Lehrbücher herangezogen; erstaunlich, wie viel von dieser physikalischen oder auch chemischen Sprache Eingang in die Metaphernwelt gefunden hat. „Unter Spannung stehen" zum Beispiel.

Ich habe überlegt, was macht der Autor, die Autorin, wenn er oder sie eine Person erschafft und ihr ein schweres Schicksal gibt? Ich schreibe jetzt an einem Buch, das heißt *Das Wort als schöne Kunst betrachtet*. Der Text ist fertig und macht sich auf die Suche nach einem guten Plätzchen ... Da geht es um die Wahrnehmung von Literatur. Da geht es um eine Person, die in Wien nach einem

Zugang zur Literatur sucht. Findet sie auch auf verschiedene Arten und Weisen. Was mir wichtig war, dieses Buch in Zusammenhang mit anderen in Wien lebenden Kolleginnen und Kollegen zu stellen. Ich unterstelle beispielsweise, dass Gassen in Wien nach Schriftstellern benannt sind. Sollten sie freilich auch, aber gerade folgende nicht, zum Beispiel die Ganglbauergasse ist wohl nicht nach dir benannt, Petra ...

P. GANGLBAUER: Nein, das war – glaube ich – ein Bischof.

I. KILIC: Oder es gibt die Hubergasse. Ich habe ziemlich viel gefunden. Und es gibt auch Gassen, die nach literarischen Personen benannt sind, Watt zum Beispiel, Beckett, das stimmt natürlich in Wirklichkeit auch nicht.

P. GANGLBAUER: Schade! Ich danke euch für das Gespräch.


Ilse Kilic, Fritz Widhalm: *Wie wir sind, was wir wurden.* Edition ch, 2007
Homepage: www.dfw.at

## Autoren

KATHARINA BENDIXEN, geboren 1981 in Leipzig. Studium in Leipzig und an der Universidad de Alicante, Spanien. Autorin und Journalistin. erostepost-Literaturpreis, Litarena Literaturpreis, Poetenladen-Debütpreis, 1. Preis beim Kurzgeschichtenwettbewerb des *Buchjournals*. Veröffentlichungen in *entwürfe, Am Erker, Lichtungen, Macondo*. Herausgeberin der Anthologie *Quietschblanke Tage, spiegelglatte Nächte* (poetenladen, 2008).

THOMAS BÖHME wurde 1955 in Leipzig geboren. 1974 Abitur, Ausbildung als Bibliotheksfacharbeiter. 1982-1984 Studium am Literaturinstitut Leipzig. Georg-Maurer-Preis, Ehrengabe der Schiller-Stiftung Weimar. Mitglied des P.E.N.-Zentrums und der Freien Akademie der Künste Leipzig. Zahlreiche Publikationen. Zuletzt: *Nachklang des Feuers*. Gedichte (Galrev, 2005) und *Widerstehendes*. Fotografien und Texte (Edition ERATA, 2007).

JÜRGEN BRÔCAN, Jahrgang 1965, studierte Germanistik und Europäische Ethnologie in Göttingen. Er lebt in Dortmund als Schriftsteller, Literaturkritiker und Übersetzer aus dem Englischen und dem Französischen. Brôcan war Stipendiat des Autorenförderungsprogramms der Stiftung Niedersachsen für Essay. Übersetze u.a. Ranjit Hoskoté: *Die Ankunft der Vögel* (Lyrik Kabinett, Hanser, 2006). 2008 erscheint *Ortskenntnis. Gedichte 1996-2006* (Lyrikedition 2000).

EVA DEMSKI wurde 1944 in Regensburg geboren und studierte Germanistik, Kunstgeschichte und Philosophie. Heute lebt sie in Frankfurt am Main. Sie erhielt den Preis der Klagenfurter Jury, war Stadtschreiberin in Bergen-Enkheim und hatte die Brüder-Grimm-Professur inne. Neben mehreren Romanen verfasste sie Erzählungen und Essays, brachte Reiseführer und Bildbände heraus. 2006 erschien bei Suhrkamp der Roman *Das siamesische Dorf*.

Bianca Döring wurde 1957 in Schlitz/Vogelsberg geboren. Zwischen 1976 und 1988 studierte sie Germanistik, Musik, Polytechnik und Erziehungswissenschaften. Als ausgebildete Sängerin gibt sie Konzerte und medienübergreifende Performances. 1992 erhielt sie den Kunstpreis der Stadt Frankfurt und ein Stipendium der Akademie Schloss Solitude. Von ihr erschienen u.a. die Romane *Hallo Mr. Zebra* (dtv, 1999) und *Little Alien* (dtv, 2000).

Kurt Drawert, 1956 geboren in Hennigsdorf/Brandenburg, lebt als Autor in Darmstadt und leitet die Darmstädter Textwerkstatt und das Zentrum für junge Literatur. Er studierte von 1982 bis 1985 am Literaturinstitut Johannes R. Becher und veröffentlichte seither Lyrik, Prosa, Dramatik und Essays. 1989 erhielt er den Leonce-und-Lena-Preis und 1993 den Bachmann-Preis. Im Herbst 2008 erscheint bei Suhrkamp sein Roman *Ich hielt meinen Schatten für einen andern und grüßte*.

Manfred Enzensperger, 1952 geboren in Köln, Studium der Anglistik, Germanistik und Erziehungswissenschaft. Tätigkeit als Fachleiter in der Gymnasiallehrerausbildung am Studienseminar in Leverkusen. Gedichtveröffentlichungen u.a. in *die horen*, *ndl* und im *Jahrbuch der Lyrik*. Gab 2005 *Die Hölderlin Ameisen* bei DuMont heraus und veröffentlichte *Zimmerflimmern*. Gedichte (Horlemann Verlag, 2007).

Brigitte Fuchs, geboren 1951, lebt und arbeitet als Lehrerin und Schriftstellerin in Teufenthal/Schweiz. Beiträge u.a. in *NZZ*, *du*, *Das Gedicht*, *Manuskripte*, *entwürfe*. Ausgezeichnet mit dem Joachim-Ringelnatz-Preis, dem 1. Förderpreis beim Lyrikpreis Meran 2000 und beim Rilke-Festival in Sierre 2003. Mehrere Lyrikbände: 2008 erscheint *Handbuch des Fliegens* (edition 8, Zürich).

Robin Fulton, 1937 auf der Insel Arran (Schottland) geboren, besuchte die Schule auf Arran und in Glasgow und studierte an der Universität Edinburgh. Nach dem Studium zog er 1973 nach Stavanger, Norwegen, wo er bis heute mit seiner Frau lebt und an der Universität unterrichtet. Fulton veröffentlichte eine Vielzahl von Gedicht- und Essaybänden und gab die Zeitschrift *Lines Review* heraus. Bekannt ist er auch als Übersetzer skandinavischer Lyrik ins Englische.

PETRA GANGLBAUER, geboren 1958. Freiberufliche Autorin und Radiokünstlerin. Lyrik-Prosa-Essayveröffentlichungen. Wiener Vorlesungen zur Literatur. Hörstücke, Hörspiel. Interdisziplinäre Projekte. Werkstätten. Landesliteraturstipendium Steiermark, Literaturförderungspreis der Stadt Graz und der Stadt Wien, Theodor-Körner-Förderpreis. Zuletzt erschienen: *Im Schonungslosen*. Gedichte. Mit Fotoarbeiten von Elisabeth Wörndl (Edition ch, 2007).

CHRISTIANE GELDMACHER, Autorin, Lektorin, Journalistin. Studium der Germanistik, Theater-, Film- und Fernsehwissenschaften, Philosophie und Amerikanistik. Dozentin für Deutsche Sprache in verschiedenen Bildungseinrichtungen. Mehrere Preise und Veröffentlichungen in Zeitschriften und Anthologien, 2008 gibt sie einen Band mit Kriminalgeschichten im Poetenladen heraus.

TINA ILSE GINTROWSKI, geboren 1978 in Berlin. Studium der Germanistik und Iberoromanischen Philologie in Bonn. Zwischenzeitlich verschiedene Jobs von Cafébedienung über Prospektverteilerin bis Rezeptionistin. Seit 2006 Studium am Deutschen Literaturinstitut. 2007 Preisträgerin beim Open Mike.

DANA GIOIA wurde 1950 in Hawthorne, einer Arbeiterstadt im südwestlichen Los Angeles, geboren. Arbeitete für 15 Jahre als Geschäftsmann in New York und brachte es bis zum Vizepräsidenten von *General Foods*. Er gab 1992 seine Karriere auf, wurde „full-time writer" und kehrte nach Kalifornien zurück. 2003 ernannte ihn der US-Senat zum Vorsitzenden des *National Endowments for the Arts*. Er veröffentlichte u.a. drei Gedichtbände, drei Essaybücher, ein Libretto und zahlreiche Artikel.

DIETER M. GRÄF, geboren 1960 in Ludwigshafen, lebte dort und in Köln, 2004/05 in Rom, New York und Vézelay, seither Berlin. Schreibt Gedichte, über Gedichte; Kooperationen mit Künstlern anderer Sparten. Seit 1992 freier Schriftsteller, Mitglied im P.E.N.-Zentrum Deutschland. Leonce-und-Lena-Preis, Stipendium Villa Massimo, Pfalzpreis für Literatur. Zuletzt: *Tussi Research*. Gedichtauswahl dt./engl. Übersetzung: Andrew Shields (Green Integer, 2007).

RENÉ HAMANN, geboren 1971 in Solingen, lebt in Berlin. Studierte in Köln Germanistik, Anglistik und Philosophie. Anschließend Tätigkeit als freier Journalist, u.a. für Viva Fernsehen, popkomm.de und diverse Zeitungen. Arbeitsstipendium des Berliner Senats 2005. Finalist beim Leonce-und-Lena-Wettbewerb. Zuletzt erschien bei *Tisch 7* der Roman *Schaum für immer.*

ANDREAS HEIDTMANN, 1961 geboren bei Wesel. Klavierstudium in Köln und Studium der Germanistik und Philosophie in Berlin. Mehrere Preise und Stipendien (Kultursenat Berlin, Stadt Leipzig). Lebt als Autor, Musiker und Herausgeber in Leipzig. Zuletzt: *Storys aus dem Baguette.* Prosa (Athena, 2005).

JULIANE HENRICH, geboren 1983 in Solingen. Neben Lyrik und Prosa vor allem: Fotografie und Poesiefilm. Seit 2004 Studium am Deutschen Literaturinstitut Leipzig, seit 2007 auch an der Universität der Künste Berlin im Bereich „Experimentelle Mediengestaltung". Dokumentarfilmprojekt: Vergessene Fahnen.

HENNING HESKE, geboren 1960 in Düsseldorf, lebt in Dinslaken. Studium der Mathematik, Geographie und Germanistik; Promotion. Mitarbeit an der von Marcel Reich-Ranicki herausgegebenen *Frankfurter Anthologie.* Veröffentlichte zuletzt den Gedichtband *Wegintegrale* (Lyrikedition 2000, 2006) sowie den Essayband *Fausts Phiole* (Bernstein-Verlag, 2006).

STEFAN HEUER, geboren 1971 in Großburgwedel, lebt und arbeitet in Burgdorf. Veröffentlichungen u.a. in *Laufschrift, lauter niemand, SIC!* Mehrere Einzeltitel, so zuletzt: *favoritensterben.* Gedichte (yedermann Verlag, 2006) und *honig im mund – galle im herzen, 68 lyrische Montagen zur Geschichte der RAF* (Lyrikedition 2000, 2007).

ILSE KILIC, geboren 1958, lebt in Wien. Gründete mit Fritz Widhalm 1986 die Edition *Das fröhliche Wohnzimmer.* Zahlreiche Publikationen, zuletzt: *Ach die Sprache* (Edition zzoo, 2006). Film: *Das Licht des Sterns.* Ein Film für Heidi Pataki 2007. Gemeinsam mit Fritz Widhalm: *Wie wir sind, was wir wurden. Des Verwicklungsromans fünfter Teil* (Edition ch, 2007).

ANGELA KREUZ wurde 1969 in Ingolstadt geboren. Studium der Philosophie und Psychologie in Dresden und Konstanz; Psychologin. Sie schreibt Kurzgeschichten, Erzählungen, Romane und Lyrik. 2000-2003 Mitherausgeberin der Literaturzeitschrift *Wandler*. Jurorin beim Poetenladen (Debütpreis). Gedichte, Erzählungen, zuletzt der Roman: *Warunee* (Spielberg Verlag, 2007).

AUGUSTA LAAR, geboren 1955 in Eggenfelden, lebt in Krailling bei München und Wien als Künstlerin, Lyrikerin und Musikerin. Studierte in München Klavier und Musikwissenschaften. Ausstellungen und Projekte zur poetischen Kommunikation. Gründete 2006 die Lyrik-Plattform in München, Mitglied der Autorinnengruppe Lyrinx. Gedichtband: *weniger stimmen* (edition selene, 2004).

MARGITT LEHBERT, geboren 1957 in Genf. Sie wuchs dort und in Washington, Mexico City und Bonn auf. Philosophie- und Deutschstudium. *Master of Fine Arts*. Lebt in Südschweden, übersetzt und arbeitet als Verlegerin. Unter anderem erschienen auf Deutsch Übersetzungen von Les Murray, Elizabeth Bishop, Paul Muldoon und Don Coles, auf Englisch Sarah Kirsch und Georg Trakl.

CHRISTOPH LEISTEN, geboren 1960 in Geilenkirchen, lebt als Autor und Lehrer in Würselen bei Aachen. Mitherausgeber der Kulturzeitschrift *Zeichen & Wunder* (seit 2001), Initiator der alljährlich stattfindenden euregionalen *Tage der Poesie*. Seit 2001 drei Gedichtbände sowie ein Prosaband. Zuletzt erschien der Lyrikband *der mond vergebens. Gedichte aus zehn Jahren* (Rimbaud, 2006).

DAVID LERNER wurde 1951 in New York City geboren. Er war als Journalist tätig und Mitbegründer des Verlags *Zeitgeist Press*. Vier Gedichtbände sind von ihm erschienen, darunter *Pray Like the Hunted* (Zeitgeist Press, 1992) und *The Last Five Miles to Grace* (Zeitgeist Press, postum). David Lerner starb 1997 an einer Überdosis Heroin.

JAGODA MARINIĆ, geboren 1977 in Waiblingen, studierte Germanistik, Politische Wissenschaft und Anglistik in Heidelberg und lebt heute in New York und Heidelberg. Zwei Erzählbände (Suhrkamp 2001 und 2005). Grimmelshausen-Förderpreis. Zuletzt: *Die Namenlose*. Roman (Nagel & Kimche, 2007).

LARS REYER, geboren 1977 in Werdau; Studium der Philosophie, Anglistik und Ethnologie in Münster. Danach Studium am Deutschen Literaturinstitut Leipzig mit Abschluss im Jahr 2006. Seitdem tätig als freier Autor. Zuletzt der Gedichtband: *Der lange Fußmarsch durch die Stadt bei Nacht* (Lyrik Edition 2000, 2006).

AXEL SANJOSÉ, geboren 1960 in Barcelona, lebt seit 1978 in München. Studium der Deutschen Philologie, hauptberuflich Text/Öffentlichkeitsarbeit für das Designbüro KMS. Lehrauftrag am Institut für Komparatistik der Universität München. Lyriker. Übersetzung katalanischer Lyrik. Übersetzte zuletzt: Pere Gimferrer: *Die Spiegel. Der öde Raum* (Lyrik Kabinett, Hanser, 2007). Eigener Lyrikband: *Gelegentlich Krähen* (Landpresse, 2004).

WALLE SAYER, 1960 geboren in Bierlingen, Kreis Tübingen; Eugen-Bolz-Gymnasium in Rottenburg; 1977-1980 Lehre zum Bankkaufmann in Tübingen. Lebt als Lyriker und Erzähler in Horb-Dettingen und veröffentlicht seit 1984. Auszeichnungen u.a. Thaddäus-Troll-Preis, Förderpreis zum Hölderlinpreis, Amsterdamstipendium, Aufenthaltsstipendium im Kloster Cismar. Zuletzt: *Den Tag zu den Tagen.* Gedichte (Klöpfer & Meyer, 2006).

EVA SCHELLER, geboren in München, lebt seit Ende 1989 in Hamburg. Im Brotberuf arbeitet sie als Anwältin. Leserpreis des Wiener Werkstattpreises 2004. Debütpreis des Poetenladens 2005. Erster Preis beim Kurzgeschichtenwettbewerb des *Hamburger Abendblatts* 2007. Ihre Erzählungen *Richter Raabes Spaziergänge* erschienen im August 2007 bei C. H. Beck.

HANS THILL, geboren 1954 in Baden-Baden, lebt seit 1974 in Heidelberg. Lyriker und Übersetzer. Mitbegründer des Verlags *Das Wunderhorn*. Peter-Huchel-Preis. Herausgeber der Reihe *Deutsche Reise nach Plovdiv*, darin den Prosaband: *Kopfsteinperspektive. Post aus Plovdiv und Sofia* (Das Wunderhorn). Leiter des Übersetzerworkshops *Poesie der Nachbarn – Dichter übersetzen Dichter*. Zahlreiche Übersetzungen. Gedichtbände u.a. *Kühle Religionen* (Das Wunderhorn, 2003).

SANDRA TROJAN, geboren 1980 in Winterberg/Westfalen, Studium der Amerikanistik, Journalistik und Allgemeinen und Vergleichenden Literaturwissenschaft in Leipzig, anschließend Studium am Deutschen Literaturinstitut. Veröffentlichungen in Zeitschriften, Anthologien und im *Jahrbuch der Lyrik* (S. Fischer), Übersetzungsarbeiten aus dem Englischen, diverse Brotjobs.

ULRIKE ULRICH lebt seit 2004 in Zürich. Sie wurde 1968 in Düsseldorf geboren und studierte Germanistik, Kunstgeschichte und Publizistik. 1999 ging sie nach Wien, um dort zu schreiben und u.a. bei der *schule für dichtung* zu arbeiten. Beiträge in *entwürfe, kolik* und im *Tagblatt* der Stadt Zürich. 2004 erschien *Moderne Kunst & neue Literatur* (Edition Art Forum Ute Barth; zusammen mit Judith Trepp).

FRITZ WIDHALM, 1956 in Gaisberg geboren, ist Autor und arbeitet im Bereich Text, Ton, Bild. 2006 verfilmte er Gedichte von 30 Autoren. Zahlreiche Einzelveröffentlichungen. Mehrere Gemeinschaftspublikationen mit Ilse Kilic, so zuletzt: *Wie wir sind, was wir wurden* (Edition ch, 2007). Gemeinsam geben sie seit 1986 die Edition *Das fröhliche Wohnzimmer* heraus.

RON WINKLER, geboren 1973 in Jena, studierte Germanistik und Mittelalterliche bis Neueste Geschichte, lebt als Lyriker, Herausgeber und Übersetzer aus dem Englischen in Berlin. Herausgeber der Literaturzeitschrift *intendenzen* und der Internet-Gedichtanthologie *Lyrik.Log*. Leonce-und-Lena-Preis 2005, Mondseer Lyrikpreis 2006. Gab 2007 die Anthologie *Schwerkraft. Junge amerikanische Lyrik* (Jung und Jung) heraus. Mehrere Gedichtbände, zuletzt: *Fragmentierte Gewässer* (Berlin Verlag, 2007).

## QUELLEN

*Die Beiträge in diesem Magazin sind überwiegend Erstveröffentlichungen. Einige Texte und Übersetzungen stammen aus geplanten Büchern bzw. Originalpublikationen, auf die nachfolgend verwiesen wird:*

Kurt Drawert: *Ich hielt meinen Schatten für einen andern und grüßte.*
    Roman. Frankfurt: Suhrkamp, Herbst 2008
Brigitte Fuchs: *Handbuch des Fliegens.* Zürich: edition 8, 2008
Robin Fulton: *Grenzflug. Ausgewählte Gedichte.* Edition Rugerup, 2008
Dana Gioia: *The Burning Ladder.* Aus: *Daily Horoscope.* Graywolf Press, 1986
    *Insomnia.* Aus: *Daily Horoscope.* Graywolf Press, 1986
    *Equations of Light.* Aus: *The Gods of Winter.* Graywolf Press, *1991*
    *My Dead Lover.* Aus: *Interrogations at Noon.* Graywolf Press, *2001*
David Lerner: Gedichte aus: *Pray Like the Hunted.* Zeitgeist Press, 1992